APRENDA PYTORCH

*Domine a Criação de Modelos de Deep
Learning com Flexibilidade e Eficiência
Edição 2024*

Diego Rodrigues

APRENDA PYTORCH

Domine a Criação de Modelos de Deep Learning
com Flexibilidade e Eficiência

Edição 2024
Autor: Diego Rodrigues
studiod21portoalegre@gmail.com

Nota Importante

Os códigos e scripts apresentados neste livro têm como

objetivo ilustrar os conceitos discutidos nos capítulos, servindo como exemplos práticos. Esses exemplos foram desenvolvidos em ambientes personalizados e controlados, e portanto, não há garantia de que funcionarão plenamente em todos os cenários. É essencial verificar as configurações e personalizações do ambiente onde serão aplicados para assegurar seu funcionamento adequado. Agradecemos pela compreensão.

ÍNDICE

SAUDAÇÕES!

Olá, caro leitor!

É um grande prazer tê-lo aqui embarcando em mais uma jornada de aprendizado técnico, desta vez no universo do aprendizado profundo com PyTorch. Sua decisão de explorar e dominar uma das bibliotecas mais poderosas para a criação de modelos de deep learning demonstra seu compromisso em estar à frente em um campo tão dinâmico e essencial.

Neste livro, *"Aprenda PyTorch: Domine a Criação de Modelos de Deep Learning com Flexibilidade e Eficiência - Edição 2024"*, você encontrará um guia prático e completo, repleto de conhecimentos fundamentais e avanços significativos. Nosso objetivo é proporcionar a você uma experiência de aprendizado que une teoria e prática, possibilitando a criação de aplicações robustas e inovadoras.

Ao longo desta leitura, você será desafiado a desenvolver suas habilidades desde os conceitos básicos até a implementação de técnicas avançadas. Abordaremos tópicos essenciais como a manipulação de tensores, a criação de redes neurais personalizadas e o uso de arquiteturas modernas, como GANs e Transformers. Este livro também traz uma abordagem voltada à aprendizagem rápida e à aplicação prática dos conceitos, essencial para estudantes e profissionais que desejam resultados concretos.

Vivemos em uma era onde a inteligência artificial e o aprendizado profundo moldam o futuro de maneira exponencial. Sua iniciativa de se aprofundar neste campo reflete sua determinação em contribuir para essa transformação.

Estamos aqui para apoiar sua jornada, oferecendo conteúdo relevante, estudos de caso práticos e ferramentas indispensáveis para que você alcance excelência no uso do PyTorch.

Prepare-se para uma experiência enriquecedora. A cada capítulo, nossa missão é ampliar seus horizontes, fortalecer suas capacidades e capacitá-lo a criar inovações que façam a diferença. Juntos, exploraremos o poder do aprendizado profundo, construindo um caminho que conecta seu potencial às oportunidades infinitas da IA.

Boa leitura e muito sucesso em sua jornada
rumo à maestria no PyTorch!

SOBRE O AUTOR

www.linkedin.com/in/diegoexpertai

Autor Best-Seller, Diego Rodrigues é Consultor e Escritor Internacional especializado em Inteligência de Mercado, Tecnologia e Inovação. Com 42 certificações internacionais de instituições como IBM, Google, Microsoft, AWS, Cisco, e Universidade de Boston, Ec-Council, Palo Alto e META.

Rodrigues é expert em Inteligência Artificial, Machine Learning, Ciência de Dados, Big Data, Blockchain, Tecnologias de Conectividade, Ethical Hacking e Threat Intelligence.

Desde 2003, Rodrigues já desenvolveu mais de 200 projetos para marcas importantes no Brasil, EUA e México. Em 2024, ele se consolida como um dos maiores autores de livros técnicos do mundo da nova geração, com mais de 180 títulos publicados em seis idiomas.

APRESENTAÇÃO DO LIVRO

Bem-vindo a *Aprenda PyTorch: Domine a Criação de Modelos de Deep Learning com Flexibilidade e Eficiência.* Este livro é um guia completo que o levará das bases fundamentais até as aplicações mais avançadas do PyTorch, capacitando você a enfrentar desafios reais no universo da inteligência artificial (IA). O PyTorch, desenvolvido pela Meta (antiga Facebook), se consolidou como uma das ferramentas mais poderosas e flexíveis para o aprendizado profundo, amplamente utilizada por pesquisadores e profissionais da indústria.

Neste guia, exploraremos como o PyTorch transforma a maneira como você desenvolve modelos de IA, combinando simplicidade de uso, poder computacional e controle total sobre seus projetos. Desde redes neurais simples até arquiteturas avançadas como GANs e Transformers, você encontrará uma abordagem prática e didática que o ajudará a construir aplicações robustas.

Dominar o PyTorch é mais do que aprender uma tecnologia: é abrir portas para criar inovações que impactam o mundo. Este livro foi cuidadosamente planejado para oferecer conhecimento técnico aliado à praticidade, guiando você passo a passo em uma jornada transformadora. Abaixo, apresento uma visão geral de cada capítulo, destacando como cada etapa contribuirá para o seu aprendizado e sucesso.

Visão Geral dos Capítulos

Capítulo 1: Introdução ao PyTorch

- Contextualiza o surgimento e a importância do PyTorch no aprendizado profundo.
- Diferenças em relação a outras bibliotecas, como TensorFlow.
- A filosofia de design do PyTorch: simplicidade, controle e flexibilidade.

Capítulo 2: Configurando o Ambiente

- Requisitos técnicos para instalar o PyTorch.
- Configuração no Windows, macOS, Linux e uso do Google Colab.
- Criação de ambientes virtuais para organização de projetos.

Capítulo 3: Fundamentos de Tensors

- Introdução aos Tensors, os blocos de construção do aprendizado profundo.
- Comparação entre Tensors e arrays do NumPy.
- Operações matemáticas básicas e manipulação de dados.

Capítulo 4: Manipulação Avançada de Tensors

- Técnicas de slicing, reshaping e broadcasting.
- Integração de dados reais em Tensors.
- Otimizações para manipulação eficiente de grandes volumes de dados.

Capítulo 5: Gradientes e o Mecanismo Autograd

- Entendendo o cálculo automático de gradientes no PyTorch.
- Aplicação prática em backpropagation.
- Visualização e exploração de gradientes.

Capítulo 6: Construindo Redes Neurais

- Estruturação de redes neurais com torch.nn.
- Criação de camadas personalizadas e inicialização de pesos.
- Salvando e reutilizando modelos.

Capítulo 7: Dataset e DataLoader

- Organização e estruturação de datasets para treinamento.
- Uso eficiente do DataLoader para processamento em lote.
- Técnicas de augmentação e normalização de dados.

Capítulo 8: Ciclo de Treinamento

- Forward pass, cálculo da perda e backpropagation.
- Monitoramento de métricas de desempenho.
- Estratégias para evitar overfitting e underfitting.

Capítulo 9: Otimizadores e Funções de Perda

- Introdução aos principais otimizadores: SGD, Adam, RMSprop.
- Escolha de funções de perda para diferentes tipos de problemas.
- Ajuste de hiperparâmetros para melhorar resultados.

Capítulo 10: Redes Convolucionais (CNNs)

- Fundamentos das CNNs e sua aplicação em visão computacional.
- Implementação de classificadores de imagens.
- Técnicas de pooling e normalização.

Capítulo 11: Redes Recorrentes (RNNs)

- Aplicação de RNNs e LSTMs em dados sequenciais.
- Processamento de séries temporais e NLP.
- Exemplos práticos e análise de resultados.

Capítulo 12: Transfer Learning

- Reaproveitamento de modelos pré-treinados.
- Ajuste fino para problemas específicos.
- Estudos de caso em visão computacional e NLP.

Capítulo 13: Treinamento Distribuído

- Configuração para múltiplas GPUs.
- Uso do DistributedDataParallel para paralelismo eficiente.
- Aceleração de treinamento em clusters de alta performance.

Capítulo 14: PyTorch Lightning

- Simplificando o desenvolvimento com PyTorch Lightning.
- Organização de código e automação de tarefas comuns.
- Implementação prática de experimentos complexos.

Capítulo 15: Redes Adversárias Generativas (GANs)

- Introdução às GANs e seu funcionamento.
- Construção de modelos de geração de imagens.
- Soluções para problemas comuns em GANs.

Capítulo 16: Modelos de Processamento de Linguagem Natural (NLP)

- Embeddings e representações de texto.
- Construção de Transformers e modelos BERT no PyTorch.
- Aplicações práticas em análise de sentimentos e tradução.

Capítulo 17: Visualização e Debugging

- Uso do TensorBoard para monitorar métricas.
- Depuração de modelos com ferramentas do PyTorch.
- Métodos para inspecionar gradientes e pesos.

Capítulo 18: Segurança e Robustez

- Prevenção contra ataques adversários.
- Melhoria da robustez de modelos em cenários críticos.
- Avaliação de segurança com técnicas modernas.

Capítulo 19: Aplicações em IoT

- Uso do PyTorch em dispositivos de borda.
- Criação de modelos leves para ambientes restritos.
- Estudos de caso em IoT e computação embarcada.

Capítulo 20: Benchmarking e Otimização

- Comparação de desempenho entre configurações.
- Identificação de gargalos em pipelines de treinamento.
- Ajuste fino para máxima eficiência computacional.

Capítulo 21: APIs e Exportação de Modelos

- Exportação de modelos com TorchScript e ONNX.
- Deploy em plataformas como AWS e Google Cloud.
- Integração com TorchServe para produção.

Capítulo 22: Estudos de Caso

- Desenvolvimento de projetos do mundo real.
- Implementação prática de classificadores, chatbots e geradores de imagens.
- Lições aprendidas e melhores práticas.

Capítulo 23: PyTorch e o Futuro da IA

- Impacto do PyTorch na pesquisa e na indústria.
- Tendências emergentes em aprendizado profundo.

- Como se manter atualizado na comunidade PyTorch.

Capítulo 24: Implementação em Grande Escala

- Projetos em larga escala usando PyTorch.
- Estratégias para escalabilidade e manutenção.
- Casos de sucesso e aplicações empresariais.

Capítulo 25: Conclusão e Próximos Passos

- Reflexão sobre o aprendizado adquirido.
- Dicas para continuar explorando IA com PyTorch.
- Convite para contribuir com a comunidade global.

A Jornada Começa Agora

Ao concluir este prefácio, espero que você esteja tão empolgado quanto eu para mergulhar no mundo do PyTorch. Cada capítulo foi planejado para oferecer insights valiosos e aplicáveis. Prepare-se para expandir seus horizontes, transformar sua carreira e criar inovações que farão a diferença. Vamos começar!

CAPÍTULO 1: INTRODUÇÃO AO PYTORCH

O PyTorch é uma biblioteca de aprendizado profundo que se destacou como uma das mais influentes e utilizadas no campo da inteligência artificial. Lançado pela Meta (antiga Facebook) em 2016, ele surgiu como uma resposta à crescente demanda por ferramentas mais flexíveis e intuitivas, capazes de unir poder computacional e simplicidade no desenvolvimento de modelos de aprendizado profundo. Seu impacto transformou a forma como pesquisadores e engenheiros criam e implementam redes neurais, consolidando-se como uma referência na academia e na indústria.

O aprendizado profundo, ou deep learning, requer a manipulação de grandes volumes de dados, cálculos complexos e o uso eficiente de hardware de alto desempenho, como GPUs. Antes do PyTorch, muitas ferramentas priorizavam desempenho em detrimento de flexibilidade, criando barreiras para experimentação e inovação. O PyTorch revolucionou esse cenário ao oferecer uma interface que permite construir modelos de forma mais natural e próxima do que se espera em linguagem de programação como Python.

Desde o início, o PyTorch foi projetado para promover uma experiência de codificação dinâmica. Diferente de outras bibliotecas, como TensorFlow (em suas versões iniciais), o PyTorch permite que o fluxo de execução seja definido em tempo real, o que facilita o debugging, a visualização de resultados intermediários e o ajuste fino dos modelos. Essa abordagem, conhecida como execução dinâmica, permitiu que o PyTorch se tornasse especialmente atraente para pesquisadores que trabalham em projetos experimentais e iterativos.

Comparando o PyTorch com outras ferramentas amplamente utilizadas, fica evidente por que ele se tornou uma escolha preferida. O TensorFlow, por exemplo, foi inicialmente projetado para um paradigma de execução estática, onde o fluxo computacional é definido antes da execução, dificultando a depuração e a flexibilidade para mudanças dinâmicas. O PyTorch, por outro lado, adota uma abordagem onde cada operação é executada imediatamente, permitindo que o programador inspecione e modifique a lógica com facilidade. Essa característica é particularmente útil em projetos de pesquisa, onde a exploração de ideias exige mudanças constantes.

Outra vantagem do PyTorch é sua integração nativa com hardware de alto desempenho, como GPUs e TPUs. Ele oferece APIs que permitem a manipulação de cálculos em dispositivos acelerados de forma simples e intuitiva. Por exemplo, transferir tensores para uma GPU pode ser feito com uma única linha de código:

python

```
import torch

# Criação de um tensor na CPU
tensor_cpu = torch.tensor([1.0, 2.0, 3.0])

# Transferência do tensor para a GPU
tensor_gpu = tensor_cpu.to('cuda')
```

Esse nível de simplicidade, aliado a uma documentação clara e uma comunidade ativa, tornou o PyTorch uma ferramenta indispensável para profissionais que buscam maximizar a eficiência no desenvolvimento de soluções.

O design do PyTorch segue uma filosofia que combina flexibilidade e simplicidade sem sacrificar o desempenho. A estrutura do código é construída para ser altamente modular, permitindo que cada parte do modelo seja facilmente entendida e ajustada. A modularidade é alcançada por meio de seus principais componentes, como torch.nn para a construção de redes neurais, torch.optim para algoritmos de otimização e torch.utils.data para manipulação de dados. Essa organização facilita a colaboração entre equipes e a reutilização de código em diferentes projetos.

Um aspecto notável da filosofia do PyTorch é a importância dada à experiência do desenvolvedor. O foco em execução dinâmica e APIs intuitivas torna a curva de aprendizado menos íngreme, permitindo que até mesmo iniciantes em aprendizado profundo se sintam confortáveis ao utilizá-lo. A simplicidade de uso não compromete o desempenho, o que o torna adequado para aplicações que vão desde projetos acadêmicos até soluções empresariais em larga escala.

Por trás do sucesso do PyTorch está o forte suporte da comunidade. Pesquisadores e engenheiros ao redor do mundo contribuíram para o crescimento de sua base de códigos, oferecendo tutoriais, exemplos práticos e bibliotecas complementares. Ferramentas como o PyTorch Lightning, que simplifica a estruturação de experimentos complexos, e o Hugging Face Transformers, que oferece implementações de modelos avançados de NLP, exemplificam como a comunidade expandiu as capacidades do PyTorch. Essa colaboração constante garante que ele continue evoluindo e atendendo às demandas emergentes do setor.

Além de sua popularidade na pesquisa, o PyTorch é amplamente utilizado na indústria. Empresas líderes como Tesla, Microsoft, Amazon e Meta utilizam a biblioteca para desenvolver sistemas de IA que vão desde assistentes virtuais até carros autônomos. Essa adoção em larga escala reflete a confiança que o PyTorch inspira, tanto pela robustez de sua arquitetura quanto pela facilidade de integração em pipelines de produção.

Para entender melhor como o PyTorch funciona na prática, considere a criação de um modelo de rede neural simples para classificação de dígitos manuscritos no dataset MNIST. O código abaixo demonstra a criação de uma rede neural básica e seu treinamento:

python

```python
import torch
import torch.nn as nn
import torch.optim as optim
from torchvision import datasets, transforms

# Preparação do dataset MNIST
transform = transforms.Compose([transforms.ToTensor(),
transforms.Normalize((0.5,), (0.5,))])
train_dataset = datasets.MNIST(root='./data', train=True,
download=True, transform=transform)
train_loader =
torch.utils.data.DataLoader(dataset=train_dataset,
batch_size=64, shuffle=True)

# Definição do modelo
class SimpleNN(nn.Module):
    def __init__(self):
        super(SimpleNN, self).__init__()
        self.fc1 = nn.Linear(28 * 28, 128)
        self.fc2 = nn.Linear(128, 10)

    def forward(self, x):
        x = x.view(-1, 28 * 28)  # Flatten
        x = torch.relu(self.fc1(x))
        x = self.fc2(x)
        return x

model = SimpleNN()

# Definição do otimizador e da função de perda
criterion = nn.CrossEntropyLoss()
optimizer = optim.SGD(model.parameters(), lr=0.01)
```

```
# Ciclo de treinamento
for epoch in range(5):
    for images, labels in train_loader:
        outputs = model(images)
        loss = criterion(outputs, labels)

        optimizer.zero_grad()
        loss.backward()
        optimizer.step()

    print(f"Epoch [{epoch+1}/5], Loss: {loss.item():.4f}")
```

Esse script demonstra como o PyTorch facilita a criação, treinamento e ajuste de modelos, sem a complexidade de configurações adicionais. A modularidade do código permite que partes específicas, como o otimizador ou a função de perda, sejam facilmente substituídas para experimentar diferentes abordagens.

A simplicidade e a flexibilidade do PyTorch o tornam ideal para aplicações que exigem experimentação rápida e implementação eficiente. Seja para construir redes neurais profundas ou explorar arquiteturas personalizadas, ele oferece ferramentas que capacitam desenvolvedores a transformar ideias em realidade. Além disso, sua integração com bibliotecas externas, como o NumPy, facilita a manipulação de dados e a interoperabilidade com outras ferramentas.

No contexto atual, onde a IA desempenha um papel central na inovação tecnológica, o domínio do PyTorch é um diferencial competitivo. Ele não apenas reduz o tempo necessário para desenvolver soluções, mas também capacita profissionais a resolver problemas de maneira criativa e eficiente. Ao longo deste livro, exploraremos como aproveitar ao máximo os recursos oferecidos pelo PyTorch, desde fundamentos teóricos até aplicações práticas avançadas, capacitando você a liderar projetos que transformam o mundo.

CAPÍTULO 2: CONFIGURANDO SEU AMBIENTE

A configuração adequada do ambiente de trabalho é um passo crucial para maximizar a eficiência no uso do PyTorch e garantir que os projetos sejam executados sem problemas. Um ambiente bem configurado assegura que os recursos de hardware e software sejam utilizados da melhor forma, otimizando o desempenho e reduzindo o risco de incompatibilidades ou erros inesperados. Este capítulo aborda os requisitos técnicos, os processos de instalação em diferentes sistemas operacionais e a configuração de ambientes de desenvolvimento ideais, incluindo o uso do Google Colab.

Requisitos Técnicos: Hardware e Software

O PyTorch foi projetado para ser executado em uma ampla gama de dispositivos, desde laptops pessoais até servidores robustos equipados com GPUs de alto desempenho. Para obter o melhor desempenho, recomenda-se:

- Um processador moderno (Intel i5 ou equivalente, no mínimo).
- Pelo menos 8 GB de RAM para desenvolvimento básico; 16 GB ou mais para tarefas mais complexas.
- Uma GPU compatível com CUDA (NVIDIA GTX 1050 ou superior) para aceleração significativa em tarefas de aprendizado profundo.
- Armazenamento suficiente para lidar com datasets

grandes e modelos treinados, preferencialmente em SSD.

No aspecto de software, os requisitos incluem:

- Uma versão recente do Python, como 3.9 ou superior.
- O PyTorch na versão compatível com seu sistema operacional e GPU.
- Ferramentas de gerenciamento de pacotes, como pip ou conda, para instalar dependências adicionais.

Configuração no Windows

Para instalar o PyTorch no Windows, é essencial verificar a compatibilidade da GPU e configurar os drivers necessários para habilitar o suporte a CUDA, caso esteja disponível.

Baixe e instale a versão mais recente do Python do site oficial (https://www.python.org). Certifique-se de selecionar a opção "Add Python to PATH" durante a instalação.

Atualize o gerenciador de pacotes pip para evitar problemas de compatibilidade:

bash

```
python -m pip install --upgrade pip
```

Visite o site oficial do PyTorch (https://pytorch.org) e utilize o seletor interativo para gerar o comando de instalação específico para sua configuração. Um exemplo de comando seria:
bash

```
pip install torch torchvision torchaudio --index-url https://download.pytorch.org/whl/cu118
```

Este comando instala o PyTorch com suporte CUDA versão 11.8.

Verifique se a instalação foi bem-sucedida abrindo o Python no terminal e executando:

python

```
import torch
print(torch.__version__)
print(torch.cuda.is_available()) # Confirma se a GPU está
habilitada
```

Se torch.cuda.is_available() retornar True, o PyTorch está configurado para utilizar a GPU.

Configuração no macOS

O macOS oferece suporte completo ao PyTorch, mas não inclui aceleração CUDA, pois as GPUs da NVIDIA não são mais suportadas nos sistemas mais recentes da Apple. Isso significa que, para treinamento intensivo, o uso de CPUs ou a execução remota em servidores com GPUs será necessário.

Instale o Homebrew, um gerenciador de pacotes eficiente para macOS:

bash

```
/bin/bash -c "$(curl -fsSL https://raw.githubusercontent.com/
Homebrew/install/HEAD/install.sh)"
```

Use o Homebrew para instalar Python e outras dependências:

bash

```
brew install python
python3 -m pip install --upgrade pip
```

Instale o PyTorch diretamente pelo pip, com um comando como:

bash

```
pip install torch torchvision torchaudio
```

Teste a instalação:

python

```
import torch
print(torch.__version__)
```

Embora o suporte a GPU não esteja disponível no macOS, o desenvolvimento e a experimentação inicial podem ser realizados sem problemas.

Configuração no Linux

O Linux é amplamente utilizado para aprendizado profundo devido à sua eficiência e flexibilidade. Ele suporta totalmente o PyTorch, incluindo aceleração CUDA para GPUs NVIDIA.

Atualize os repositórios e instale as dependências essenciais:

bash

```
sudo apt update
sudo apt install python3 python3-pip python3-venv
```

Instale os drivers da NVIDIA e o toolkit CUDA, disponíveis no site da NVIDIA (https://developer.nvidia.com/cuda-downloads). Verifique a instalação com:
bash

```
nvidia-smi
```

Instale o PyTorch usando o comando gerado no site oficial, como:

bash

```
pip install torch torchvision torchaudio --index-url https://
download.pytorch.org/whl/cu118
```

Confirme a instalação:

python

```
import torch
print(torch.cuda.get_device_name(0)) # Nome da GPU
```

A combinação de Linux e GPUs NVIDIA proporciona desempenho ideal para tarefas intensivas.

Uso do Google Colab

O Google Colab é uma plataforma baseada em nuvem que oferece acesso gratuito a GPUs e TPUs para aprendizado profundo. É ideal para quem não possui hardware especializado.

Acesse https://colab.research.google.com e faça login com uma conta Google.

Crie um novo notebook e selecione uma GPU para acelerar os cálculos:

- Vá até "Ambiente de execução" > "Alterar tipo de hardware" e escolha "GPU" ou "TPU".

Instale e verifique o PyTorch diretamente no notebook:

python

```
!pip install torch torchvision torchaudio --index-url https://
download.pytorch.org/whl/cu118
import torch
print(torch.cuda.is_available())
```

O Google Colab é uma excelente opção para experimentar o PyTorch sem custo inicial, facilitando o aprendizado e o desenvolvimento de protótipos.

Configuração de Ambientes Virtuais

Manter dependências organizadas é fundamental para evitar conflitos entre projetos. O uso de ambientes virtuais garante que cada projeto tenha sua própria configuração de bibliotecas.

Crie um ambiente virtual com venv:

bash

```
python3 -m venv pytorch_env
```

Ative o ambiente:

No Windows:

bash

```
pytorch_env\Scripts\activate
```

No macOS/Linux:

bash

```
source pytorch_env/bin/activate
```

Instale o PyTorch e outras dependências no ambiente:

bash
```
pip install torch torchvision torchaudio
```

Desative o ambiente virtual quando não estiver em uso:

bash
```
deactivate
```

Essa abordagem facilita a manutenção de projetos e evita problemas de compatibilidade entre bibliotecas.

Prática Recomendada: Verificação de Instalação

Após configurar o PyTorch, é sempre bom realizar um teste simples para garantir que ele funcione como esperado. Um script básico para verificar o suporte a GPU e realizar uma multiplicação de matriz pode ser útil:

python
```
import torch

# Verifica se a GPU está disponível
device = torch.device('cuda' if torch.cuda.is_available() else 'cpu')

# Cria tensores
a = torch.rand(3, 3).to(device)
b = torch.rand(3, 3).to(device)
```

```
# Multiplica os tensores
result = torch.mm(a, b)
print("Resultado da multiplicação na GPU:", result)
```

O código verifica a disponibilidade da GPU e realiza a operação em hardware acelerado, validando o funcionamento da instalação.

A configuração do ambiente é um passo inicial indispensável para trabalhar com PyTorch de forma eficiente. Escolher as ferramentas corretas, otimizar o hardware e manter as dependências organizadas são fatores que contribuem diretamente para o sucesso de projetos de aprendizado profundo. Com a configuração concluída, o foco pode ser direcionado para o desenvolvimento de modelos inovadores e a solução de problemas reais.

CAPÍTULO 3: CONCEITO FUNDAMENTAL DE TENSORS

Os tensors são os elementos fundamentais para representar dados no PyTorch e outras bibliotecas de aprendizado profundo. Eles são generalizações de matrizes e vetores que podem ter mais de duas dimensões, proporcionando flexibilidade e eficiência na manipulação de dados complexos. O domínio sobre o conceito de tensors é essencial para construir modelos de aprendizado profundo, uma vez que esses elementos são utilizados para representar entradas, saídas e parâmetros internos de redes neurais.

Os tensors desempenham um papel crucial por serem capazes de armazenar dados em estruturas de dimensões arbitrárias. Eles permitem operações matemáticas eficientes em hardware de alto desempenho, como GPUs. Além disso, a implementação dos tensors no PyTorch é otimizada para suportar gradientes automáticos, o que é indispensável para treinar modelos de aprendizado profundo.

Os tensors podem ser unidimensionais, bidimensionais ou multidimensionais. Um tensor unidimensional é semelhante a um vetor, enquanto um tensor bidimensional se assemelha a uma matriz. Quando se trabalha com dimensões superiores, como no processamento de imagens ou séries temporais, os tensors podem representar arrays tridimensionais, ou até mais complexos, como no caso de vídeos que possuem dimensões de tempo, altura, largura e canais de cor.

O PyTorch permite criar e manipular tensors com extrema facilidade. Um tensor básico pode ser criado diretamente a partir de listas do Python:

python

```
import torch

# Criação de um tensor unidimensional
tensor_1d = torch.tensor([1, 2, 3, 4, 5])

# Criação de um tensor bidimensional
tensor_2d = torch.tensor([[1, 2, 3], [4, 5, 6]])

# Impressão dos tensors
print("Tensor 1D:", tensor_1d)
print("Tensor 2D:", tensor_2d)
```

Os tensors não são apenas estruturas para armazenar dados; eles também oferecem suporte a diversas operações matemáticas. Isso os torna indispensáveis para realizar cálculos que estão no núcleo do aprendizado profundo, como multiplicações de matrizes, somas elementares e operações mais avançadas, como transformações lineares e convoluções.

A importância dos tensors reside na sua capacidade de integrar dados em uma estrutura eficiente que suporta cálculos otimizados. Eles são projetados para funcionar de maneira eficiente em hardware acelerado, como GPUs, o que é essencial para treinar redes neurais complexas em grandes conjuntos de dados.

Os arrays NumPy são frequentemente utilizados em aprendizado de máquina por sua simplicidade e desempenho em operações numéricas. No entanto, os tensors do PyTorch oferecem vantagens importantes em relação aos arrays NumPy. Enquanto os arrays NumPy são limitados ao uso de CPUs, os tensors do PyTorch podem ser facilmente transferidos para GPUs, permitindo cálculos muito mais rápidos.

Uma comparação entre arrays NumPy e tensors do PyTorch demonstra como ambos podem ser usados para realizar operações semelhantes:

python

```
import numpy as np

# Operação com NumPy
array_np = np.array([1, 2, 3, 4, 5])
array_result = array_np * 2

# Operação com PyTorch
tensor_pt = torch.tensor([1, 2, 3, 4, 5])
tensor_result = tensor_pt * 2

print("Resultado NumPy:", array_result)
print("Resultado PyTorch:", tensor_result)
```

Embora o comportamento seja similar, os tensors do PyTorch possuem funcionalidades adicionais que facilitam o trabalho com aprendizado profundo. Por exemplo, é possível realizar operações diretamente em GPUs com uma única linha de código:

python

```
# Transferência do tensor para a GPU
tensor_gpu = tensor_pt.to('cuda')
tensor_result_gpu = tensor_gpu * 2

print("Resultado na GPU:", tensor_result_gpu)
```

A capacidade de realizar operações matemáticas diretamente em GPUs permite que o treinamento de modelos de aprendizado profundo seja muito mais eficiente. Essa vantagem é especialmente evidente ao lidar com grandes volumes de dados e arquiteturas de redes neurais complexas.

Além das operações básicas, os tensors do PyTorch suportam uma ampla gama de operações matemáticas avançadas. Isso inclui funções trigonométricas, operações estatísticas e transformações lineares. Abaixo está um exemplo de algumas operações úteis:

python

```python
# Operações elementares
a = torch.tensor([1.0, 2.0, 3.0])
b = torch.tensor([4.0, 5.0, 6.0])

# Soma
sum_result = a + b

# Produto
prod_result = a * b

# Média
mean_result = a.mean()

# Operações lineares
matrix = torch.tensor([[1, 2], [3, 4]])
vector = torch.tensor([1, 0])
dot_product = torch.matmul(matrix, vector)

print("Soma:", sum_result)
print("Produto:", prod_result)
print("Média:", mean_result)
print("Produto Matriz-Vetor:", dot_product)
```

Essas operações são executadas de maneira eficiente, aproveitando a otimização do backend do PyTorch. Além disso, o PyTorch facilita a manipulação de tensores para atender às necessidades de modelos específicos. Operações como redimensionamento, expansão e slicing tornam os tensores versáteis para diversos tipos de dados.

O redimensionamento de tensores é uma funcionalidade importante para adaptar dados a formatos exigidos por redes neurais. Por exemplo, em redes convolucionais, as imagens geralmente precisam ser representadas como tensores tridimensionais contendo altura, largura e canais de cor. Um exemplo de como redimensionar tensores é mostrado a seguir:

python

```python
# Criação de um tensor bidimensional
original_tensor = torch.tensor([[1, 2, 3], [4, 5, 6]])
```

```python
# Redimensionamento para um tensor unidimensional
reshaped_tensor = original_tensor.view(-1)
```

```python
# Redimensionamento para adicionar uma dimensão extra
expanded_tensor = original_tensor.unsqueeze(0)
```

```python
print("Tensor Original:", original_tensor)
print("Tensor Redimensionado:", reshaped_tensor)
print("Tensor Expandido:", expanded_tensor)
```

O slicing é outra técnica fundamental que permite acessar subconjuntos de dados em tensores. Isso é particularmente útil ao trabalhar com lotes de dados durante o treinamento de modelos:

python

```python
# Criação de um tensor tridimensional representando imagens
images = torch.randn(10, 3, 32, 32) # 10 imagens, 3 canais, 32x32 pixels
```

```python
# Seleção de uma única imagem
image_0 = images[0]
```

```python
# Seleção de todos os canais da primeira linha e coluna
channel_slice = images[:, :, 0, 0]
```

```python
print("Imagem 0:", image_0)
print("Slice dos Canais:", channel_slice)
```

O suporte a operações de slicing e redimensionamento permite que os dados sejam preparados e manipulados de forma eficiente, adaptando-os às necessidades dos modelos.

Os tensores são também a base para calcular gradientes durante o treinamento de modelos. O PyTorch inclui o recurso de autograd, que calcula automaticamente os gradientes necessários para ajustar os pesos da rede neural. A seguir, um exemplo básico de como calcular gradientes:

python

```
# Criação de um tensor com gradiente habilitado
x = torch.tensor([2.0, 3.0], requires_grad=True)
```

```
# Definição de uma função
y = x[0] ** 2 + x[1] ** 3
```

```
# Cálculo do gradiente
y.backward()
```

```
print("Gradiente de x:", x.grad)
```

O cálculo automático de gradientes simplifica o processo de ajuste dos parâmetros de modelos de aprendizado profundo, eliminando a necessidade de derivar manualmente as equações.

Com esses recursos, os tensors tornam-se ferramentas indispensáveis para o aprendizado profundo, fornecendo uma base sólida para representar dados e realizar cálculos de forma eficiente. A compreensão e a prática contínua no uso de tensors são passos essenciais para avançar no domínio do PyTorch e criar modelos de aprendizado profundo robustos e escaláveis.

CAPÍTULO 4: MANIPULAÇÃO AVANÇADA DE TENSORS

A manipulação avançada de tensores é uma habilidade essencial para trabalhar com aprendizado profundo e criar soluções eficientes utilizando o PyTorch. Os tensores, sendo estruturas multidimensionais, permitem a modelagem de dados complexos em um formato que facilita operações matemáticas e computações paralelas. Neste capítulo, exploraremos técnicas para trabalhar com tensores multidimensionais, operações fundamentais como slicing, reshaping e broadcasting, além de integrar dados reais diretamente em tensores.

Trabalhando com Tensors Multidimensionais

Tensores multidimensionais são amplamente usados em aprendizado profundo para representar dados que possuem múltiplas características. Por exemplo, imagens podem ser representadas como tensores tridimensionais, com dimensões correspondentes a altura, largura e número de canais (RGB). Quando se trabalha com vídeos, os tensores podem se estender para quatro dimensões, incluindo o tempo.

Criar e manipular tensores multidimensionais no PyTorch é intuitivo. Um tensor tridimensional representando um lote de imagens pode ser criado e visualizado:

python

```
import torch

# Criação de um tensor tridimensional: lote de 4 imagens RGB de
```

32x32 pixels
```
images = torch.rand(4, 3, 32, 32)
```

```
# Verificando as dimensões do tensor
print("Dimensões do tensor:", images.shape)
```

```
# Acessando o valor do primeiro pixel de um canal de uma
imagem
pixel_value = images[0, 0, 0, 0]
print("Valor do primeiro pixel do primeiro canal da primeira
imagem:", pixel_value)
```

Essa estrutura permite que várias operações matemáticas sejam aplicadas de forma eficiente em lotes inteiros de dados, o que é essencial durante o treinamento de redes neurais.

Operações de Slicing

O slicing é uma técnica que permite extrair subconjuntos de dados de tensores. Isso é particularmente útil quando se deseja processar apenas uma parte dos dados, como uma única imagem em um lote ou um canal específico em uma imagem RGB. No PyTorch, o slicing é realizado utilizando notação semelhante à dos arrays do NumPy.

Extração de subconjuntos específicos:

python

```
# Selecionando a primeira imagem no lote
first_image = images[0]
```

```
# Selecionando todos os canais de uma linha específica da
primeira imagem
specific_row = first_image[:, 10, :]
```

```
# Selecionando um pixel específico de todas as imagens no lote
specific_pixel = images[:, :, 15, 15]
```

```
print("Dimensão da primeira imagem:", first_image.shape)
print("Linha específica da primeira imagem:", specific_row)
```

```
print("Valores do mesmo pixel em todas as imagens:",
specific_pixel)
```

Essas operações são realizadas sem copiar os dados, tornando-as altamente eficientes para lidar com grandes volumes de informação.

Operações de Reshaping

O reshaping é usado para alterar a forma de um tensor sem modificar seus dados subjacentes. Essa operação é essencial para adaptar tensores a formatos exigidos por redes neurais, como achatar uma imagem bidimensional em um vetor unidimensional para entrada em uma camada densa.

Alteração de formatos:

python

```
# Tensor bidimensional
matrix = torch.tensor([[1, 2, 3], [4, 5, 6]])

# Redimensionamento para um vetor unidimensional
flattened = matrix.view(-1)

# Alteração para um tensor tridimensional
reshaped = matrix.view(1, 2, 3)

print("Tensor original:", matrix)
print("Tensor achatado:", flattened)
print("Tensor redimensionado para 3D:", reshaped)
```

A funcionalidade view é eficiente porque não cria cópias dos dados, apenas altera a organização em memória. Quando necessário, pode-se adicionar ou remover dimensões utilizando unsqueeze e squeeze, respectivamente:

python

```
# Adicionando uma dimensão extra
```

```
expanded = matrix.unsqueeze(0)
```

```
# Removendo dimensões unitárias
squeezed = expanded.squeeze()
```

```
print("Tensor com dimensão extra:", expanded.shape)
print("Tensor após remoção de dimensões unitárias:",
squeezed.shape)
```

Broadcasting

O broadcasting é uma funcionalidade poderosa que permite realizar operações entre tensores de diferentes formas, desde que sejam compatíveis. Em vez de duplicar dados para realizar operações, o PyTorch ajusta dinamicamente as dimensões menores para corresponder às maiores, economizando memória e processamento.

Aplicação de broadcasting em operações matemáticas:

python

```
# Tensor bidimensional
matrix = torch.tensor([[1, 2, 3], [4, 5, 6]])
```

```
# Tensor unidimensional (será broadcasted)
vector = torch.tensor([1, 2, 3])
```

```
# Soma utilizando broadcasting
broadcasted_sum = matrix + vector
```

```
print("Resultado da soma com broadcasting:",
broadcasted_sum)
```

O PyTorch ajusta as dimensões do vetor para corresponder ao tamanho da matriz, aplicando as operações em cada linha individualmente.

As regras de compatibilidade para broadcasting são simples:

1. As dimensões devem ser iguais ou uma delas deve ser igual a 1.
2. Dimensões ausentes são tratadas como iguais a 1.

Essa funcionalidade simplifica a implementação de algoritmos, reduzindo a necessidade de manipulação manual de dimensões.

Integração de Dados Reais em Tensors

Integrar dados reais em tensores é um passo inicial importante no treinamento de modelos de aprendizado profundo. Dados tabulares, imagens e texto podem ser carregados, processados e transformados em tensores. Para exemplificar, considere um dataset de imagens carregado usando a biblioteca torchvision:

python

```python
from torchvision import datasets, transforms

# Transformações para normalizar e converter imagens em tensores
transform = transforms.Compose([
    transforms.ToTensor(),
    transforms.Normalize((0.5,), (0.5,))
])

# Carregamento do dataset MNIST
mnist_data = datasets.MNIST(root='./data', train=True,
download=True, transform=transform)

# Carregador de dados para processamento em lote
data_loader = torch.utils.data.DataLoader(mnist_data,
batch_size=64, shuffle=True)

# Acessando um lote de imagens e rótulos
images, labels = next(iter(data_loader))
print("Dimensões do lote de imagens:", images.shape)
print("Rótulos do lote:", labels)
```

As transformações aplicadas garantem que os dados sejam

normalizados e convertidos para tensores compatíveis com o PyTorch. Essa etapa é essencial para preparar os dados de entrada para o treinamento de redes neurais.

A manipulação avançada de tensores no PyTorch proporciona ferramentas poderosas para ajustar, transformar e operar em dados de maneiras eficientes e escaláveis. Seja para lidar com imagens, texto ou séries temporais, compreender essas técnicas permite explorar todo o potencial dos modelos de aprendizado profundo.

CAPÍTULO 5: GRADIENTES E AUTOGRAD

Os gradientes são fundamentais para o aprendizado profundo, permitindo que redes neurais ajustem seus pesos e aprendam padrões complexos a partir de dados. O cálculo de gradientes é um dos aspectos mais técnicos e essenciais desse processo. O PyTorch simplifica consideravelmente essa tarefa por meio de seu mecanismo integrado, conhecido como Autograd, que automatiza o cálculo de gradientes, eliminando a necessidade de derivação manual.

O Autograd é projetado para computar gradientes automaticamente para todas as operações realizadas com tensores que tenham a propriedade requires_grad ativada. Ele armazena o histórico de todas as operações realizadas e, com base nisso, utiliza o método de diferenciação reversa (backpropagation) para calcular os gradientes necessários para atualizar os pesos da rede neural. Essa abordagem otimizada é particularmente útil quando se trabalha com redes neurais de múltiplas camadas e milhões de parâmetros.

Entendendo Gradientes Automáticos

Um gradiente é, essencialmente, a taxa de variação de uma função em relação a uma de suas variáveis. Em aprendizado profundo, essa função geralmente é a função de perda, e as variáveis são os pesos do modelo. O objetivo é minimizar a perda ajustando os pesos na direção do gradiente negativo, ou seja, na direção que reduz a perda.

No PyTorch, o cálculo automático de gradientes é habilitado configurando o atributo requires_grad de um tensor para True. A partir disso, todas as operações realizadas com esse tensor são registradas em um grafo computacional, permitindo que o Autograd calcule os gradientes automaticamente.

Criação de um tensor com gradientes habilitados:

python

```
import torch

# Criando um tensor com gradientes habilitados
x = torch.tensor(2.0, requires_grad=True)

# Definindo uma função para o tensor
y = x ** 2 + 3 * x + 5

# Calculando o gradiente
y.backward()

# Visualizando o gradiente
print("Valor de x:", x.item())
print("Gradiente de x:", x.grad.item())
```

Nesse exemplo, o gradiente de y em relação a x é calculado automaticamente. O método .backward() realiza o cálculo do gradiente, e o resultado é armazenado no atributo .grad do tensor original. Isso é crucial para o ajuste dos pesos durante o treinamento de redes neurais.

Como o PyTorch Facilita o Backpropagation

O backpropagation é o processo de propagação reversa do erro por meio de uma rede neural para calcular os gradientes de todos os pesos e biases. Ele é usado para ajustar os parâmetros do modelo com base no erro observado entre as previsões do modelo e os valores reais. O PyTorch automatiza completamente esse processo, rastreando as operações realizadas em tensores com requires_grad=True e computando os gradientes de forma eficiente.

A execução do backpropagation no PyTorch segue alguns passos simples:

1. Defina os tensores de entrada e os pesos da rede com requires_grad=True.
2. Realize as operações necessárias para calcular a saída da rede.
3. Defina a função de perda com base na saída prevista e no valor real.
4. Chame o método .backward() para calcular os gradientes.
5. Atualize os pesos usando os gradientes calculados.

Exemplo de backpropagation em um modelo linear simples:

python

```python
# Criando dados de entrada e saída
x = torch.tensor([1.0, 2.0, 3.0], requires_grad=True) # Entrada
y_true = torch.tensor([2.0, 4.0, 6.0]) # Saída real

# Definindo pesos e bias
w = torch.tensor(0.5, requires_grad=True)
b = torch.tensor(0.0, requires_grad=True)

# Realizando a predição
y_pred = w * x + b

# Calculando a função de perda (erro quadrático médio)
loss = ((y_pred - y_true) ** 2).mean()

# Executando o backpropagation
loss.backward()

# Visualizando os gradientes
print("Gradiente de w:", w.grad.item())
```

```python
print("Gradiente de b:", b.grad.item())
```

No exemplo acima, o PyTorch calcula automaticamente os gradientes de w e b em relação à função de perda. Esses gradientes indicam como os pesos e o bias devem ser ajustados para reduzir o erro.

Após o cálculo dos gradientes, os pesos são atualizados usando algoritmos de otimização, como o gradiente descendente. No PyTorch, isso é frequentemente realizado com a ajuda do módulo torch.optim, mas também pode ser feito manualmente.

Atualizando os pesos manualmente:

python

```python
# Taxa de aprendizado
learning_rate = 0.01

# Atualizando os pesos e bias
with torch.no_grad():
    w -= learning_rate * w.grad
    b -= learning_rate * b.grad

# Zerando os gradientes
w.grad.zero_()
b.grad.zero_()
```

O uso do bloco torch.no_grad() evita que essas operações sejam rastreadas pelo Autograd, economizando memória e tempo de computação.

Aplicação Prática em Problemas Simples

O cálculo de gradientes e o backpropagation são aplicados em praticamente todos os modelos de aprendizado profundo. Um exemplo prático é treinar um modelo de regressão linear para ajustar uma reta a um conjunto de dados.

Treinamento de uma regressão linear usando o PyTorch:

python

```python
import torch
import matplotlib.pyplot as plt

# Dados de entrada e saída
x_train = torch.tensor([[1.0], [2.0], [3.0], [4.0]])
y_train = torch.tensor([[2.0], [4.0], [6.0], [8.0]])

# Inicialização dos pesos e bias
w = torch.randn(1, 1, requires_grad=True)
b = torch.randn(1, requires_grad=True)

# Taxa de aprendizado
learning_rate = 0.01

# Treinamento
for epoch in range(1000):
    # Predição
    y_pred = x_train.mm(w) + b

    # Função de perda (erro quadrático médio)
    loss = ((y_pred - y_train) ** 2).mean()

    # Backpropagation
    loss.backward()

    # Atualização dos pesos
    with torch.no_grad():
        w -= learning_rate * w.grad
        b -= learning_rate * b.grad
        w.grad.zero_()
        b.grad.zero_()

# Visualização do resultado
plt.scatter(x_train.numpy(), y_train.numpy(), label="Dados reais")
plt.plot(x_train.numpy(), y_pred.detach().numpy(), label="Reta ajustada", color="red")
plt.legend()
plt.show()
```

O script ajusta os pesos de uma reta para que ela melhor se aproxime dos dados fornecidos. A perda diminui ao longo das iterações, o que demonstra o aprendizado do modelo.

Considerações sobre o Autograd

O Autograd registra automaticamente o histórico de operações realizadas com tensores que possuem requires_grad=True. Esse registro, chamado de grafo computacional, é dinâmico e é recriado a cada iteração. Isso o torna eficiente para cenários onde a estrutura do modelo muda frequentemente.

Para situações em que não é necessário calcular gradientes, como na validação ou inferência de modelos, o cálculo de gradientes pode ser desativado para economizar recursos. Isso é feito utilizando o contexto torch.no_grad:

python

```python
# Inferência sem calcular gradientes
with torch.no_grad():
    y_pred = x_train.mm(w) + b
```

O Autograd é a base de todo o processo de treinamento de modelos no PyTorch, proporcionando flexibilidade e eficiência em aplicações reais. Dominar seu funcionamento é essencial para criar redes neurais otimizadas e resolver problemas complexos de aprendizado profundo.

CAPÍTULO 6: CRIANDO REDES NEURAIS

As redes neurais são o coração do aprendizado profundo, permitindo que modelos aprendam padrões complexos e realizem tarefas como classificação, detecção e geração de conteúdo. O PyTorch fornece o módulo torch.nn, projetado para facilitar a construção de redes neurais de maneira modular e escalável. Com uma arquitetura altamente flexível, torch.nn permite criar modelos que vão desde simples redes de camada única até arquiteturas avançadas e profundas.

Introdução a torch.nn e sua Arquitetura

O módulo torch.nn organiza as ferramentas necessárias para criar e treinar redes neurais. Ele inclui uma ampla gama de camadas, funções de ativação, regularizadores e outros componentes essenciais para a construção de modelos robustos. O núcleo do módulo é a classe torch.nn.Module, que serve como base para todas as redes neurais no PyTorch.

A estrutura de torch.nn.Module permite que você defina o comportamento do modelo de maneira explícita, separando a configuração das camadas (definidas no método __init__) e o fluxo de dados entre elas (implementado no método forward). Isso garante clareza e reutilização do código.

Definição de uma rede neural básica com torch.nn.Module:

python

```
import torch
```

```python
import torch.nn as nn

class SimpleNN(nn.Module):
    def __init__(self):
        super(SimpleNN, self).__init__()
        self.layer1 = nn.Linear(3, 5) # Camada totalmente
conectada
        self.activation = nn.ReLU()  # Função de ativação
        self.layer2 = nn.Linear(5, 2) # Outra camada totalmente
conectada

    def forward(self, x):
        x = self.activation(self.layer1(x))
        x = self.layer2(x)
        return x

# Instanciando o modelo
model = SimpleNN()
print(model)
```

O código define uma rede neural simples com duas camadas totalmente conectadas (Linear) e uma função de ativação ReLU. O método forward especifica o fluxo dos dados pelas camadas, permitindo que os tensores sejam transformados de acordo com a lógica do modelo.

Configuração de Camadas e Inicialização de Pesos

Configurar as camadas de uma rede neural é o primeiro passo para garantir que ela seja capaz de aprender. No PyTorch, as camadas podem ser personalizadas para atender às necessidades específicas do problema. Além disso, a inicialização adequada dos pesos é crucial para garantir que o modelo converja durante o treinamento.

Definição de camadas personalizadas:

python

```python
class CustomNN(nn.Module):
```

```python
    def __init__(self):
        super(CustomNN, self).__init__()
        self.layer1 = nn.Linear(10, 50)
        self.activation = nn.Sigmoid()
        self.dropout = nn.Dropout(0.5)  # Dropout para
regularização
        self.layer2 = nn.Linear(50, 20)
        self.output = nn.Linear(20, 1)

    def forward(self, x):
        x = self.dropout(self.activation(self.layer1(x)))
        x = self.activation(self.layer2(x))
        x = self.output(x)
        return x
```

No exemplo, o uso de Dropout adiciona regularização à rede, reduzindo o risco de overfitting. As funções de ativação, como Sigmoid, introduzem não-linearidade, permitindo que a rede aprenda representações mais complexas.

A inicialização dos pesos desempenha um papel importante no desempenho do modelo. O PyTorch oferece métodos padrão de inicialização, mas você pode especificar inicializações personalizadas usando funções como nn.init:

python

```python
import torch.nn.init as init

class InitializedNN(nn.Module):
    def __init__(self):
        super(InitializedNN, self).__init__()
        self.layer = nn.Linear(10, 10)
        init.xavier_uniform_(self.layer.weight) # Inicialização
Xavier
        init.constant_(self.layer.bias, 0.1)   # Inicialização dos bias

    def forward(self, x):
        return self.layer(x)

model = InitializedNN()
```

A inicialização Xavier é comumente usada para redes densas e ajuda a manter os gradientes estáveis durante o treinamento. Inicializações específicas podem ser aplicadas a diferentes camadas, dependendo da arquitetura e do problema.

Treinando a Rede Neural

Depois de configurar a arquitetura, o treinamento envolve três etapas principais: realizar previsões, calcular a perda e atualizar os pesos. Um exemplo prático de treinamento de uma rede para resolver um problema de regressão:

python

```python
# Dados fictícios de treinamento
x_train = torch.rand((100, 3))
y_train = torch.rand((100, 1))

# Modelo
model = SimpleNN()

# Função de perda e otimizador
criterion = nn.MSELoss()
optimizer = torch.optim.SGD(model.parameters(), lr=0.01)

# Ciclo de treinamento
epochs = 100
for epoch in range(epochs):
    optimizer.zero_grad() # Zerar gradientes acumulados
    outputs = model(x_train) # Forward pass
    loss = criterion(outputs, y_train) # Cálculo da perda
    loss.backward() # Backpropagation
    optimizer.step() # Atualização dos pesos

    if (epoch + 1) % 10 == 0:
        print(f'Epoch [{epoch+1}/{epochs}], Loss: {loss.item():.4f}')
```

Esse ciclo é repetido por várias épocas, ajustando os pesos do modelo com base no gradiente calculado. A função de perda mede o quão distante as previsões estão dos valores reais, e o otimizador aplica o gradiente para reduzir a perda.

Salvando e Carregando Modelos

A capacidade de salvar e carregar modelos é essencial para reutilização, validação e implantação. O PyTorch oferece duas abordagens para salvar modelos: salvar apenas os pesos do modelo ou salvar a arquitetura junto com os pesos.

Salvando e carregando os pesos do modelo:

python

```python
# Salvando os pesos do modelo
torch.save(model.state_dict(), 'model_weights.pth')

# Carregando os pesos em um modelo idêntico
model = SimpleNN()
model.load_state_dict(torch.load('model_weights.pth'))
model.eval()  # Definindo o modelo para avaliação
```

Ao carregar os pesos, é necessário criar uma instância da arquitetura do modelo antes de carregar o estado salvo.

Salvando o modelo completo:

python

```python
# Salvando o modelo completo
torch.save(model, 'model_complete.pth')

# Carregando o modelo completo
model = torch.load('model_complete.pth')
model.eval()
```

Salvar o modelo completo inclui a arquitetura e os pesos, mas essa abordagem pode ser menos portátil em comparação com salvar apenas os pesos, especialmente em sistemas com diferentes versões do PyTorch.

Inferência com o Modelo Treinado

Após o treinamento, o modelo pode ser usado para realizar inferências em novos dados. Durante a inferência, o cálculo de gradientes é desnecessário, e o PyTorch permite desativá-lo para economizar recursos:

python

```python
# Dados para inferência
x_new = torch.rand((5, 3))

# Inferência com o modelo treinado
with torch.no_grad():
    predictions = model(x_new)

print("Previsões:", predictions)
```

Ao desativar o cálculo de gradientes, o desempenho da inferência melhora, e o uso de memória é reduzido.

A criação de redes neurais com torch.nn oferece flexibilidade e controle para construir modelos que variam de simples a complexos. Com ferramentas para configurar camadas, inicializar pesos e salvar modelos, o PyTorch facilita todo o ciclo de vida do aprendizado profundo, desde a construção até a implantação de soluções robustas e escaláveis. O entendimento desses conceitos é essencial para explorar o potencial das redes neurais no aprendizado profundo.

CAPÍTULO 7: DATASET E DATALOADER

No aprendizado profundo, os dados são o alicerce sobre o qual os modelos aprendem e fazem previsões. A qualidade e a estrutura dos dados influenciam diretamente a capacidade de generalização de uma rede neural. O PyTorch fornece ferramentas poderosas para lidar com conjuntos de dados, estruturá-los, carregá-los de maneira eficiente e aplicar técnicas que ampliam seu valor, como augmentação de dados. Entender como utilizar essas ferramentas é essencial para construir pipelines de dados robustos e otimizados.

Estruturando Dados para Treinamento

Os dados precisam ser organizados e preparados para o treinamento de redes neurais de maneira que sejam facilmente manipuláveis por algoritmos de aprendizado profundo. Isso inclui o pré-processamento para normalizar valores, lidar com dados ausentes, ajustar dimensões e converter os dados para formatos compatíveis com tensores do PyTorch.

O PyTorch utiliza a classe Dataset como uma interface para representar conjuntos de dados personalizados. Esta classe permite que você carregue dados de qualquer origem, como arquivos CSV, imagens ou bancos de dados, e os organize para uso em treinamento.

Definição de um conjunto de dados personalizado com Dataset:

python

```python
import torch
from torch.utils.data import Dataset

class CustomDataset(Dataset):
    def __init__(self, data, labels):
        self.data = data
        self.labels = labels

    def __len__(self):
        return len(self.data)

    def __getitem__(self, idx):
        x = self.data[idx]
        y = self.labels[idx]
        return torch.tensor(x, dtype=torch.float32),
torch.tensor(y, dtype=torch.float32)

# Dados fictícios
data = [[1.0, 2.0], [3.0, 4.0], [5.0, 6.0], [7.0, 8.0]]
labels = [0, 1, 0, 1]

dataset = CustomDataset(data, labels)
```

A classe CustomDataset define três métodos principais:

- __init__ para inicializar o conjunto de dados.
- __len__ para retornar o tamanho do conjunto de dados.
- __getitem__ para acessar elementos individuais de maneira indexada.

Essa estrutura é altamente flexível, permitindo que você adapte os dados para atender às necessidades de seu modelo.

Carregamento Eficiente de Grandes Datasets

O DataLoader é a ferramenta do PyTorch para carregar conjuntos de dados de maneira eficiente, especialmente quando o tamanho dos dados excede a capacidade da memória disponível. Ele divide o conjunto de dados em lotes menores (batches) e os carrega conforme necessário durante o treinamento. Isso reduz significativamente o uso de memória e melhora o desempenho.

Uso do DataLoader para carregar dados em lotes:

python

```python
from torch.utils.data import DataLoader

# Carregador de dados com tamanho de lote definido
dataloader = DataLoader(dataset, batch_size=2, shuffle=True)

for batch in dataloader:
    inputs, labels = batch
    print("Inputs:", inputs)
    print("Labels:", labels)
```

O DataLoader aceita parâmetros importantes que influenciam seu comportamento:

- batch_size define o número de amostras por lote.
- shuffle embaralha os dados a cada época para evitar que o modelo aprenda uma ordem fixa.
- num_workers especifica o número de processos paralelos para carregar os dados, acelerando o carregamento em sistemas multicore.

Ao lidar com grandes datasets, o uso de num_workers maior que 1 pode acelerar significativamente o treinamento, dividindo o trabalho de carregamento entre múltiplos processos.

Técnicas de Augmentação de Dados

A augmentação de dados é uma técnica que cria variações nos dados de treinamento, aumentando a diversidade e ajudando o modelo a generalizar melhor. Essa abordagem é particularmente útil quando o conjunto de dados é pequeno ou quando existe o risco de overfitting.

O módulo torchvision.transforms fornece ferramentas poderosas para aplicar augmentação em dados de imagem. As transformações podem ser combinadas para criar pipelines de pré-processamento.

Pipeline de augmentação de dados para imagens:

python

```python
from torchvision import transforms

# Definição do pipeline de transformações
transform = transforms.Compose([
    transforms.RandomHorizontalFlip(p=0.5), # Flip horizontal com probabilidade de 50%
    transforms.RandomRotation(30),        # Rotação aleatória de até 30 graus
    transforms.ColorJitter(brightness=0.2, contrast=0.2), # Ajuste de brilho e contraste
    transforms.ToTensor(),            # Conversão para tensor
    transforms.Normalize((0.5,), (0.5,))   # Normalização
])

# Aplicando transformações no dataset
from torchvision.datasets import MNIST

mnist_train = MNIST(root='./data', train=True, download=True, transform=transform)

# Carregador de dados com augmentação
train_loader = DataLoader(mnist_train, batch_size=64, shuffle=True)
```

Transformações como flip, rotação e ajustes de brilho ajudam o modelo a lidar melhor com variações nos dados de entrada, enquanto a normalização garante que os valores estejam em um intervalo adequado para a rede neural.

A augmentação também pode ser aplicada a dados tabulares

e textuais. No caso de dados tabulares, pode-se adicionar pequenas variações aos valores existentes para aumentar a robustez do modelo. Para texto, a augmentação pode incluir sinônimos, alterações na ordem das palavras ou substituições contextuais.

Exemplo de augmentação para texto:

python

```python
import random

def augment_text(text):
    words = text.split()
    random.shuffle(words)
    return " ".join(words)

text_data = ["deep learning is powerful", "pytorch is flexible", "augmentation improves models"]
augmented_texts = [augment_text(sentence) for sentence in text_data]

print("Original:", text_data)
print("Augmented:", augmented_texts)
```

Essas técnicas permitem que o modelo aprenda a lidar com variações no estilo e conteúdo, melhorando sua capacidade de generalização.

Integração de Datasets Customizados e Augmentação (ou *data augmentation*)

A integração de datasets customizados com pipelines de augmentação cria fluxos de trabalho robustos para treinamento. Um exemplo completo combina um dataset customizado com augmentação de dados para imagens:

python

```python
import torch
```

```python
from torch.utils.data import Dataset, DataLoader
from torchvision import transforms
import numpy as np
from PIL import Image

# Dataset customizado para imagens
class ImageDataset(Dataset):
    def __init__(self, image_paths, labels, transform=None):
        self.image_paths = image_paths
        self.labels = labels
        self.transform = transform

    def __len__(self):
        return len(self.image_paths)

    def __getitem__(self, idx):
        image = Image.open(self.image_paths[idx])
        label = self.labels[idx]

        if self.transform:
            image = self.transform(image)

        return image, torch.tensor(label, dtype=torch.long)

# Caminhos fictícios de imagens e rótulos
image_paths = ["img1.jpg", "img2.jpg", "img3.jpg"]
labels = [0, 1, 0]

# Pipeline de augmentação
transform = transforms.Compose([
    transforms.Resize((128, 128)),
    transforms.RandomHorizontalFlip(),
    transforms.ToTensor(),
    transforms.Normalize((0.5, 0.5, 0.5), (0.5, 0.5, 0.5))
])

# Instanciando o dataset e o DataLoader
dataset = ImageDataset(image_paths, labels,
transform=transform)
dataloader = DataLoader(dataset, batch_size=2, shuffle=True)

for batch in dataloader:
```

```
images, labels = batch
print("Images batch shape:", images.shape)
print("Labels batch:", labels)
```

Esse pipeline processa imagens de forma eficiente, aplica transformações e organiza os dados em lotes prontos para treinamento.

Datasets bem estruturados e carregadores de dados eficientes são componentes cruciais para o sucesso em aprendizado profundo. O PyTorch fornece ferramentas versáteis para lidar com dados em diferentes formatos e escalas, permitindo que você concentre seus esforços na criação de modelos inovadores. A augmentação de dados amplia o valor de conjuntos de dados limitados, ajudando a reduzir o risco de overfitting e melhorar a capacidade de generalização do modelo. Esses fundamentos criam a base para pipelines de dados otimizados, que são a chave para resolver problemas reais em aprendizado profundo.

CAPÍTULO 8: TREINAMENTO BÁSICO DE MODELOS

O treinamento de modelos de aprendizado profundo é um processo iterativo que visa ajustar os pesos da rede neural para que ela aprenda padrões a partir dos dados. O ciclo de treinamento é composto por etapas bem definidas que garantem a otimização dos parâmetros do modelo. Este capítulo aborda as etapas do ciclo de treinamento, como monitorar métricas de desempenho e aplicar estratégias para evitar overfitting e underfitting, garantindo que o modelo seja robusto e generalize bem para novos dados.

Etapas do Ciclo de Treinamento

O ciclo de treinamento em aprendizado profundo é composto por várias etapas que se repetem até que o modelo alcance um desempenho satisfatório. As etapas principais incluem:

1. **Inicialização do Modelo e Hiperparâmetros**
   O modelo é definido com sua arquitetura inicial, e os hiperparâmetros como taxa de aprendizado, número de épocas e tamanho do lote são configurados.
2. **Forward Pass**
   Os dados de entrada passam pela rede neural, produzindo uma saída que é comparada com os valores reais para calcular a perda.
3. **Cálculo da Função de Perda**
   A função de perda mede a diferença entre as previsões

do modelo e os valores reais. Ela fornece uma métrica que o algoritmo de otimização usa para ajustar os pesos.

4. **Backpropagation**

Os gradientes da função de perda em relação aos pesos da rede são calculados usando diferenciação automática.

5. **Atualização dos Pesos**

Os pesos da rede são atualizados com base nos gradientes calculados, ajustando-os para minimizar a função de perda.

6. **Validação**

O modelo é avaliado em dados separados para verificar sua capacidade de generalizar, ou seja, prever corretamente dados que ele não viu durante o treinamento.

Um ciclo completo de treinamento em código:

python

```
import torch
import torch.nn as nn
import torch.optim as optim

# Dados de treinamento
x_train = torch.tensor([[1.0], [2.0], [3.0], [4.0]])
y_train = torch.tensor([[2.0], [4.0], [6.0], [8.0]])

# Modelo simples de regressão
model = nn.Linear(1, 1)

# Função de perda e otimizador
criterion = nn.MSELoss()
optimizer = optim.SGD(model.parameters(), lr=0.01)

# Ciclo de treinamento
epochs = 100
for epoch in range(epochs):
    # Forward pass
```

```
outputs = model(x_train)
loss = criterion(outputs, y_train)

# Backpropagation
optimizer.zero_grad()
loss.backward()

# Atualização dos pesos
optimizer.step()

# Monitorando a perda a cada 10 épocas
if (epoch + 1) % 10 == 0:
    print(f'Epoch [{epoch+1}/{epochs}], Loss:
{loss.item():.4f}')
```

O código demonstra um ciclo completo de treinamento com forward pass, cálculo da perda, backpropagation e atualização dos pesos. Monitorar a perda ao longo das épocas ajuda a avaliar o progresso do treinamento.

Monitoramento de Métricas

O desempenho do modelo não deve ser avaliado apenas pela função de perda. Outras métricas fornecem informações complementares sobre como o modelo está se comportando, especialmente em tarefas específicas como classificação, regressão ou segmentação.

1. **Acurácia**
   Mede a proporção de previsões corretas em relação ao total de exemplos.
2. **Precisão, Recall e F1-Score**
   Avaliam o desempenho em tarefas desbalanceadas, como classificação binária.
3. **Erro Médio Absoluto (MAE) e Raiz do Erro Quadrático Médio (RMSE)**
   São amplamente usados em tarefas de regressão para medir o erro médio entre as previsões e os valores reais.

Para monitorar métricas adicionais, pode-se implementar funções personalizadas:

python

```python
def accuracy(y_pred, y_true):
    y_pred_classes = y_pred.argmax(dim=1)
    correct = (y_pred_classes == y_true).sum().item()
    return correct / len(y_true)

# Exemplo de uso
y_pred = torch.tensor([[0.2, 0.8], [0.6, 0.4], [0.3, 0.7]])
y_true = torch.tensor([1, 0, 1])
print("Acurácia:", accuracy(y_pred, y_true))
```

Monitorar métricas adicionais ajuda a identificar problemas específicos no desempenho do modelo, como baixa precisão em classes minoritárias ou tendência a erros sistemáticos.

Evitando Overfitting e Underfitting

Overfitting ocorre quando o modelo aprende os detalhes e ruídos dos dados de treinamento, mas falha em generalizar para novos dados. Underfitting acontece quando o modelo é muito simples para capturar os padrões dos dados.

Estratégias para evitar overfitting:

Regularização
Técnicas como L1 e L2 adicionam penalidades aos pesos grandes, reduzindo a complexidade do modelo. No PyTorch, a regularização pode ser incorporada ao otimizador:

python

```python
optimizer = optim.SGD(model.parameters(), lr=0.01,
weight_decay=1e-5)
```

Dropout

Durante o treinamento, o dropout desativa aleatoriamente uma porcentagem de neurônios, reduzindo a dependência do modelo em características específicas.

python

```
class DropoutModel(nn.Module):
    def __init__(self):
        super(DropoutModel, self).__init__()
        self.layer = nn.Linear(10, 10)
        self.dropout = nn.Dropout(p=0.5)

    def forward(self, x):
        return self.dropout(self.layer(x))
```

Aumentação de Dados

Cria variações nos dados de treinamento para aumentar a diversidade e reduzir o risco de overfitting. Por exemplo, em imagens, aumentação pode incluir rotação, espelhamento e ajustes de brilho.

Estratégias para evitar underfitting:

1. **Aumentar a Complexidade do Modelo**
   Adicionar mais camadas ou neurônios pode melhorar a capacidade do modelo de capturar padrões complexos.
2. **Treinar por Mais Épocas**
   Se a perda continuar a diminuir sem sinais de overfitting, o treinamento pode ser estendido.
3. **Reduzir a Regularização ou Dropout**
   Configurações muito agressivas de regularização podem restringir o modelo e impedir que ele aprenda

padrões importantes.

Validação e Early Stopping

O uso de um conjunto de validação permite monitorar o desempenho do modelo em dados não vistos durante o treinamento. Early stopping interrompe o treinamento quando a perda de validação para de melhorar, evitando overfitting.

Implementação de early stopping:

python

```python
best_loss = float('inf')
patience = 10
trigger_times = 0

for epoch in range(epochs):
    model.train()
    outputs = model(x_train)
    loss = criterion(outputs, y_train)
    loss.backward()
    optimizer.step()

    # Validação
    model.eval()
    with torch.no_grad():
        val_outputs = model(x_val)
        val_loss = criterion(val_outputs, y_val)

    if val_loss < best_loss:
        best_loss = val_loss
        trigger_times = 0
    else:
        trigger_times += 1
        if trigger_times >= patience:
            print(f"Early stopping at epoch {epoch+1}")
            break
```

Early stopping interrompe o treinamento automaticamente

quando a perda de validação para de melhorar após um número predefinido de épocas, garantindo eficiência no treinamento.

O treinamento básico de modelos em aprendizado profundo exige compreensão das etapas do ciclo de treinamento, monitoramento de métricas adequadas e estratégias para evitar problemas como overfitting e underfitting. O PyTorch fornece ferramentas flexíveis e poderosas para implementar essas práticas, permitindo construir modelos que aprendam de maneira eficaz e generalizem bem para novos dados. Cada elemento do ciclo de treinamento contribui para a criação de soluções robustas e escaláveis, alinhadas com os desafios e demandas reais.

CAPÍTULO 9: OTIMIZADORES E FUNÇÕES DE PERDA

A otimização é uma etapa essencial no treinamento de modelos de aprendizado profundo, pois determina como os pesos de uma rede neural serão ajustados para minimizar a função de perda. O PyTorch oferece uma variedade de otimizadores e funções de perda que podem ser combinados para resolver diferentes problemas de aprendizado. A escolha do otimizador ideal e da função de perda apropriada, juntamente com o ajuste cuidadoso dos hiperparâmetros, é fundamental para garantir o sucesso do treinamento do modelo.

Escolha do Otimizador Ideal

Os otimizadores ajustam os pesos da rede neural usando os gradientes calculados pela diferenciação automática. Cada otimizador implementa uma estratégia específica para atualizar os pesos, e a escolha do otimizador deve considerar a natureza do problema, o tamanho dos dados e a arquitetura do modelo.

SGD (Stochastic Gradient Descent)

O SGD é um dos métodos mais simples e amplamente usados. Ele atualiza os pesos com base no gradiente de um único lote de dados, o que o torna eficiente em termos de memória. No entanto, pode ser sensível à escolha da taxa de aprendizado e pode levar mais tempo para convergir em problemas complexos.

Implementação do SGD:

python

```
import torch.optim as optim

optimizer = optim.SGD(model.parameters(), lr=0.01)
```

O uso de momentum no SGD ajuda a acelerar a convergência, adicionando uma fração do gradiente anterior à atualização atual:

python

```
optimizer = optim.SGD(model.parameters(), lr=0.01,
momentum=0.9)
```

Adam (Adaptive Moment Estimation)

O Adam combina as vantagens do SGD com momentum e da adaptação da taxa de aprendizado. Ele mantém médias móveis dos gradientes e de suas segundas potências, ajustando as taxas de aprendizado para cada parâmetro individualmente. É ideal para problemas com gradientes ruidosos ou parâmetros de escala diferente.
Implementação do Adam:

python

```
optimizer = optim.Adam(model.parameters(), lr=0.001)
```

RMSProp (Root Mean Square Propagation)

O RMSProp é projetado para resolver problemas em que o gradiente apresenta oscilações em uma direção enquanto é mais estável em outra. Ele normaliza os gradientes pelo quadrado médio de seus valores recentes, garantindo atualizações mais estáveis.
Implementação do RMSProp:

python

```
optimizer = optim.RMSprop(model.parameters(), lr=0.01)
```

A escolha entre esses otimizadores depende do problema e da sensibilidade do modelo. SGD é geralmente preferido em problemas com grandes volumes de dados, enquanto Adam e RMSProp são mais adequados para modelos complexos com gradientes menos previsíveis.

Implementação de Diferentes Funções de Perda

A função de perda, ou função objetivo, mede o desempenho do modelo em relação aos dados de treinamento. Ela calcula a diferença entre as previsões do modelo e os valores reais, fornecendo um guia para os ajustes dos pesos.

Erro Quadrático Médio (MSELoss)

Usado em problemas de regressão, o MSE calcula a média dos quadrados das diferenças entre as previsões e os valores reais. Ele penaliza erros grandes mais severamente do que erros pequenos.
Implementação do MSE:

python

```
import torch.nn as nn

criterion = nn.MSELoss()
outputs = model(inputs)
loss = criterion(outputs, targets)
```

Cross-Entropy Loss

Ideal para problemas de classificação, a cross-entropy mede a diferença entre as distribuições de probabilidade previstas e reais. Ela é amplamente utilizada em tarefas de classificação binária e multiclasse.

Implementação da cross-entropy:

python

```
criterion = nn.CrossEntropyLoss()
outputs = model(inputs)
loss = criterion(outputs, targets)
```

Em tarefas de classificação, os alvos devem ser fornecidos como índices inteiros representando as classes.

Binary Cross-Entropy Loss

Usada para classificação binária, a binary cross-entropy mede a distância entre previsões de probabilidade e rótulos binários.
Implementação da binary cross-entropy:

python

```
criterion = nn.BCELoss()
outputs = model(inputs)
loss = criterion(outputs, targets)
```

Loss Customizada

Em situações específicas, pode ser necessário criar uma função de perda personalizada. O PyTorch permite definir funções de perda como qualquer função Python.
Exemplo de uma perda personalizada:

python

```
class CustomLoss(nn.Module):
    def __init__(self):
        super(CustomLoss, self).__init__()
```

```python
def forward(self, outputs, targets):
    return torch.mean((outputs - targets) ** 3)  # Exemplo de
perda cúbica

criterion = CustomLoss()
loss = criterion(outputs, targets)
```

A escolha da função de perda depende do tipo de problema. Para regressão, MSE é uma escolha comum, enquanto para classificação, cross-entropy é amplamente utilizada.

Ajuste de Hiperparâmetros

Os hiperparâmetros, como taxa de aprendizado, momentum e tamanho do lote, têm impacto significativo no desempenho do modelo. O ajuste desses valores pode ser feito manualmente ou utilizando métodos sistemáticos como busca em grade ou otimização bayesiana.

Taxa de Aprendizado

A taxa de aprendizado controla o tamanho dos passos dados na direção do gradiente. Valores muito altos podem causar instabilidade, enquanto valores muito baixos podem tornar o treinamento lento.

Implementação com scheduler para ajustar a taxa de aprendizado dinamicamente:

python

```python
from torch.optim.lr_scheduler import StepLR

optimizer = optim.Adam(model.parameters(), lr=0.001)
scheduler = StepLR(optimizer, step_size=10, gamma=0.1)

for epoch in range(50):
    outputs = model(inputs)
```

```
loss = criterion(outputs, targets)
loss.backward()
optimizer.step()
scheduler.step() # Reduz a taxa de aprendizado a cada 10
épocas
```

Tamanho do Lote

Tamanhos de lote menores podem introduzir mais ruído no gradiente, enquanto tamanhos maiores fornecem estimativas mais precisas, mas podem consumir mais memória.
Ajustando o tamanho do lote no DataLoader:

python

```
from torch.utils.data import DataLoader

dataloader = DataLoader(dataset, batch_size=32, shuffle=True)
```

Momentum

O momentum é um hiperparâmetro usado em otimizadores como SGD para acelerar a convergência, armazenando parte do gradiente anterior.
Implementação com momentum:

python

```
optimizer    =    optim.SGD(model.parameters(),    lr=0.01,
momentum=0.9)
```

Busca em Grade

Para ajustar os hiperparâmetros de maneira sistemática, uma abordagem é a busca em grade, onde várias combinações de valores são testadas.
Exemplo de busca em grade:

python

```
learning_rates = [0.1, 0.01, 0.001]
batch_sizes = [16, 32, 64]

for lr in learning_rates:
    for batch_size in batch_sizes:
        optimizer = optim.Adam(model.parameters(), lr=lr)
        dataloader = DataLoader(dataset, batch_size=batch_size,
shuffle=True)
        # Executar o treinamento aqui
```

O ajuste cuidadoso dos hiperparâmetros pode melhorar significativamente a taxa de convergência e o desempenho geral do modelo.

Os otimizadores e funções de perda são elementos fundamentais para o treinamento bem-sucedido de modelos de aprendizado profundo. A escolha adequada dessas ferramentas, combinada com o ajuste cuidadoso dos hiperparâmetros, permite que o modelo atinja um desempenho ideal. O PyTorch fornece uma ampla gama de opções para otimizadores e funções de perda, além de suporte para personalização, oferecendo flexibilidade para atender às necessidades de diferentes problemas. Entender e aplicar essas ferramentas de maneira eficaz é essencial para obter modelos robustos e eficientes em cenários reais.

CAPÍTULO 10: REDES CONVOLUCIONAIS (CNNS)

As Redes Convolucionais (Convolutional Neural Networks, ou CNNs) são uma classe de redes neurais especialmente projetadas para lidar com dados estruturados em forma de grade, como imagens e vídeos. Elas são amplamente utilizadas em visão computacional, oferecendo excelente desempenho em tarefas como classificação de imagens, detecção de objetos e segmentação semântica. O poder das CNNs reside na sua capacidade de extrair automaticamente características relevantes de entradas complexas, reduzindo a necessidade de pré-processamento manual.

Fundamentos de CNNs e Sua Aplicação em Visão Computacional

As CNNs operam usando camadas convolucionais, que aplicam filtros (kernels) para detectar padrões locais em dados de entrada. Esses filtros capturam características como bordas, texturas e formas, que são posteriormente combinadas em camadas mais profundas para representar padrões complexos. A estrutura básica de uma CNN inclui:

- **Camadas Convolucionais:** Aplicam operações de convolução para extrair características locais.
- **Camadas de Pooling:** Reduzem a dimensionalidade dos dados, mantendo informações essenciais e melhorando a eficiência.
- **Funções de Ativação:** Introduzem não-linearidade no

modelo, permitindo que ele aprenda representações complexas.

- **Camadas Densas:** Integram as características extraídas em decisões finais, como classificação.

A convolução é o processo de aplicar um filtro a uma entrada para produzir um mapa de características. Um filtro de 3x3, por exemplo, percorre uma imagem, realizando multiplicações elemento a elemento entre os valores do filtro e os pixels correspondentes.

Operação básica de convolução com PyTorch:

python

```
import torch
import torch.nn as nn

# Criação de uma camada convolucional
conv_layer = nn.Conv2d(in_channels=1, out_channels=1,
kernel_size=3, stride=1, padding=1)

# Entrada de exemplo: imagem 2D
input_tensor = torch.tensor([[[[1.0, 2.0, 3.0],
                 [4.0, 5.0, 6.0],
                 [7.0, 8.0, 9.0]]]])

# Aplicação da convolução
output_tensor = conv_layer(input_tensor)
print("Saída da convolução:", output_tensor)
```

A convolução opera localmente, mas sua aplicação repetida em várias camadas permite que a CNN capture relações globais na entrada.

Implementação de Classificadores de Imagens

A tarefa de classificação de imagens envolve atribuir uma classe a cada imagem de entrada com base nas características extraídas. A implementação de um classificador de imagens com

CNNs no PyTorch segue uma estrutura padrão:

1. Definir a arquitetura da CNN.
2. Treinar o modelo em um conjunto de dados.
3. Avaliar o desempenho em dados de teste.

Criação de um classificador de imagens simples:

python

```python
import torch.nn.functional as F

class SimpleCNN(nn.Module):
    def __init__(self):
        super(SimpleCNN, self).__init__()
        self.conv1 = nn.Conv2d(in_channels=1, out_channels=16, kernel_size=3, padding=1)
        self.conv2 = nn.Conv2d(in_channels=16, out_channels=32, kernel_size=3, padding=1)
        self.pool = nn.MaxPool2d(kernel_size=2, stride=2)
        self.fc1 = nn.Linear(32 * 7 * 7, 128)
        self.fc2 = nn.Linear(128, 10)

    def forward(self, x):
        x = F.relu(self.conv1(x))
        x = self.pool(F.relu(self.conv2(x)))
        x = x.view(-1, 32 * 7 * 7) # Flatten
        x = F.relu(self.fc1(x))
        x = self.fc2(x)
        return x

model = SimpleCNN()
print(model)
```

O modelo é composto por camadas convolucionais que extraem características, seguidas por camadas densas que realizam a classificação. A função view achata os mapas de características para que possam ser alimentados nas camadas totalmente conectadas.

Treinamento do modelo usando um dataset de exemplo:

python

```python
import torch.optim as optim
from torchvision import datasets, transforms
from torch.utils.data import DataLoader

# Preprocessamento e carregamento do dataset
transform = transforms.Compose([transforms.ToTensor(),
transforms.Normalize((0.5,), (0.5,))])
train_data = datasets.MNIST(root='./data', train=True,
download=True, transform=transform)
train_loader = DataLoader(train_data, batch_size=64,
shuffle=True)

# Função de perda e otimizador
criterion = nn.CrossEntropyLoss()
optimizer = optim.Adam(model.parameters(), lr=0.001)

# Ciclo de treinamento
for epoch in range(10):
    for inputs, labels in train_loader:
        optimizer.zero_grad()
        outputs = model(inputs)
        loss = criterion(outputs, labels)
        loss.backward()
        optimizer.step()

    print(f"Epoch {epoch+1}, Loss: {loss.item():.4f}")
```

O modelo é treinado com o dataset MNIST, que contém dígitos escritos à mão. Durante o treinamento, a perda é calculada e os pesos da rede são ajustados para minimizar a função de perda.

Técnicas de Pooling e Normalização

Pooling e normalização são técnicas importantes que ajudam a melhorar o desempenho e a estabilidade das CNNs.

Pooling

O pooling reduz a dimensionalidade dos mapas de características, preservando as informações mais importantes e tornando o modelo mais robusto a variações na posição dos padrões. Existem dois tipos principais:

- o **Max Pooling:** Retém o valor máximo em cada região do mapa de características.
- o **Average Pooling:** Calcula a média dos valores em cada região.

Implementação de Max Pooling:

python

```python
pooling_layer = nn.MaxPool2d(kernel_size=2, stride=2)
input_tensor = torch.tensor([[[[1.0, 2.0], [3.0, 4.0]]]])
output_tensor = pooling_layer(input_tensor)
print("Resultado do Max Pooling:", output_tensor)
```

Normalização

A normalização reduz o impacto de grandes variações nos valores de entrada, acelerando o treinamento e melhorando a generalização. A normalização por lote (batch normalization) é amplamente utilizada em CNNs.
Implementação de Batch Normalization:

python

```python
bn_layer = nn.BatchNorm2d(16)
output_tensor = bn_layer(output_tensor)
print("Saída após Batch Normalization:", output_tensor)
```

O pooling e a normalização trabalham juntos para criar redes mais eficientes e estáveis, contribuindo para um aprendizado mais rápido e melhor desempenho.

As Redes Convolucionais são uma ferramenta poderosa para tarefas de visão computacional. Com a capacidade de extrair automaticamente características relevantes, elas simplificam e aceleram o desenvolvimento de soluções para problemas como classificação de imagens e detecção de objetos. O PyTorch fornece as ferramentas necessárias para implementar e treinar CNNs de forma eficiente, desde camadas convolucionais básicas até técnicas avançadas como pooling e normalização. Compreender esses conceitos é fundamental para explorar todo o potencial das CNNs e resolver problemas desafiadores no campo da inteligência artificial.

CAPÍTULO 11: REDES RECORRENTES (RNNS)

As Redes Recorrentes (Recurrent Neural Networks, ou RNNs) são uma classe de redes neurais projetadas para lidar com dados sequenciais. Elas são amplamente utilizadas em aplicações como processamento de linguagem natural (NLP), séries temporais, modelagem de eventos e reconhecimento de fala. Diferentemente das redes neurais tradicionais, as RNNs possuem conexões recorrentes que permitem que informações de estados anteriores sejam utilizadas para influenciar decisões atuais, tornando-as ideais para problemas onde a ordem dos dados é relevante.

Introdução a Redes Recorrentes e LSTMs

As RNNs são baseadas na ideia de que o estado atual de uma sequência depende de estados anteriores. Essa dependência temporal é modelada por meio de conexões recorrentes, onde a saída de uma unidade é alimentada de volta como entrada na próxima etapa de tempo. Cada estado de uma RNN é atualizado iterativamente com base no estado anterior e na entrada atual.

Embora sejam poderosas, as RNNs padrão sofrem de problemas como gradientes explosivos ou gradientes que desaparecem, o que dificulta o aprendizado em sequências longas. Para superar essas limitações, foram desenvolvidas arquiteturas como as Long Short-Term Memory Networks (LSTMs) e as Gated Recurrent Units (GRUs).

Os LSTMs introduzem células de memória e mecanismos de

portas (gates) que controlam o fluxo de informações, permitindo que a rede mantenha informações relevantes por longos períodos e descarte irrelevantes. A arquitetura de uma célula LSTM inclui:

- **Porta de Entrada:** Controla quais informações da entrada atual serão armazenadas na célula.
- **Porta de Esquecimento:** Determina quais informações do estado anterior serão descartadas.
- **Porta de Saída:** Decide quais informações serão usadas para a saída atual.

Construção de RNNs para Processamento Sequencial

As RNNs no PyTorch são implementadas por meio das classes nn.RNN, nn.LSTM e nn.GRU, que fornecem flexibilidade para modelar diferentes tipos de dados sequenciais. Uma RNN básica é construída especificando o número de entradas, o número de unidades ocultas e o número de camadas.

Construção de uma RNN simples:

python

```python
import torch
import torch.nn as nn

class SimpleRNN(nn.Module):
    def __init__(self, input_size, hidden_size, output_size):
        super(SimpleRNN, self).__init__()
        self.rnn = nn.RNN(input_size, hidden_size,
batch_first=True)
        self.fc = nn.Linear(hidden_size, output_size)

    def forward(self, x):
        out, _ = self.rnn(x)
        out = self.fc(out[:, -1, :])  # Usando a saída da última etapa
de tempo
```

```
        return out
```

```
# Configurações da RNN
input_size = 1  # Número de características na entrada
hidden_size = 16  # Número de unidades ocultas
output_size = 1  # Número de saídas
sequence_length = 10  # Comprimento da sequência
batch_size = 32  # Tamanho do lote
```

```
# Dados fictícios
x = torch.randn(batch_size, sequence_length, input_size)
model = SimpleRNN(input_size, hidden_size, output_size)
outputs = model(x)
print("Saída da RNN:", outputs.shape)
```

A classe nn.RNN processa os dados sequenciais e retorna a saída de todas as etapas de tempo, além do estado oculto final. A camada totalmente conectada (nn.Linear) mapeia a saída para o espaço de destino.

Construção de um LSTM para modelar dependências de longo prazo:

python

```
class LSTMModel(nn.Module):
    def __init__(self, input_size, hidden_size, output_size):
        super(LSTMModel, self).__init__()
        self.lstm = nn.LSTM(input_size, hidden_size,
batch_first=True)
        self.fc = nn.Linear(hidden_size, output_size)

    def forward(self, x):
        out, _ = self.lstm(x)
        out = self.fc(out[:, -1, :])
        return out
```

```
# Dados fictícios
model = LSTMModel(input_size, hidden_size, output_size)
outputs = model(x)
print("Saída do LSTM:", outputs.shape)
```

Os LSTMs são especialmente úteis quando a sequência de entrada contém informações relevantes que estão distantes no tempo, como ao analisar texto ou prever séries temporais.

Exemplos Práticos com Dados Temporais

As RNNs e LSTMs são amplamente aplicadas para resolver problemas práticos, como previsão de séries temporais e análise de linguagem. A seguir, um exemplo de previsão de séries temporais.

Previsão de valores futuros com LSTM:

python

```python
import numpy as np
from sklearn.preprocessing import MinMaxScaler
from torch.utils.data import DataLoader, Dataset

# Geração de uma série temporal fictícia
data = np.sin(np.linspace(0, 100, 500)) # Função seno
scaler = MinMaxScaler()
data = scaler.fit_transform(data.reshape(-1, 1))

# Dataset customizado para séries temporais
class TimeSeriesDataset(Dataset):
    def __init__(self, series, sequence_length):
        self.series = series
        self.sequence_length = sequence_length

    def __len__(self):
        return len(self.series) - self.sequence_length

    def __getitem__(self, idx):
        x = self.series[idx:idx + self.sequence_length]
        y = self.series[idx + self.sequence_length]
        return torch.tensor(x, dtype=torch.float32),
torch.tensor(y, dtype=torch.float32)
```

```python
sequence_length = 20
dataset = TimeSeriesDataset(data, sequence_length)
dataloader = DataLoader(dataset, batch_size=32, shuffle=True)

# Modelo LSTM para previsão
model = LSTMModel(input_size=1, hidden_size=16,
output_size=1)
criterion = nn.MSELoss()
optimizer = torch.optim.Adam(model.parameters(), lr=0.001)

# Treinamento
epochs = 100
for epoch in range(epochs):
    for x_batch, y_batch in dataloader:
        optimizer.zero_grad()
        outputs = model(x_batch.unsqueeze(-1))
        loss = criterion(outputs, y_batch.unsqueeze(-1))
        loss.backward()
        optimizer.step()

    if (epoch + 1) % 10 == 0:
        print(f"Epoch {epoch+1}/{epochs}, Loss: {loss.item():.4f}")
```

Esse script treina um LSTM para prever o próximo valor em uma série temporal, utilizando janelas deslizantes de dados históricos. A abordagem pode ser facilmente adaptada para dados reais, como preços de ações ou medições climáticas.

Para tarefas de processamento de linguagem natural, como análise de sentimentos, as RNNs processam sequências de texto. A seguir, um exemplo de classificação de texto.

Classificação de texto com RNN:

python

```python
from torchtext.legacy import data, datasets

# Preparação do dataset
TEXT = data.Field(tokenize='spacy', batch_first=True)
LABEL = data.LabelField(dtype=torch.float)
```

```python
train_data, test_data = datasets.IMDB.splits(TEXT, LABEL)

TEXT.build_vocab(train_data, max_size=10000,
vectors="glove.6B.100d")
LABEL.build_vocab(train_data)

train_iterator, test_iterator = data.BucketIterator.splits(
    (train_data, test_data), batch_size=64, device="cuda"
)

class TextRNN(nn.Module):
    def __init__(self, vocab_size, embed_size, hidden_size,
output_size):
        super(TextRNN, self).__init__()
        self.embedding = nn.Embedding(vocab_size, embed_size)
        self.rnn = nn.LSTM(embed_size, hidden_size,
batch_first=True)
        self.fc = nn.Linear(hidden_size, output_size)

    def forward(self, x):
        x = self.embedding(x)
        _, (hidden, _) = self.rnn(x)
        x = self.fc(hidden.squeeze(0))
        return x

# Modelo
vocab_size = len(TEXT.vocab)
embed_size = 100
hidden_size = 256
output_size = 1

model = TextRNN(vocab_size, embed_size, hidden_size,
output_size).to("cuda")

# Treinamento e avaliação omitidos para brevidade
```

O modelo aprende a classificar textos baseando-se na sequência de palavras. A utilização de embeddings, como GloVe, melhora a capacidade do modelo de capturar relações semânticas.

As Redes Recorrentes e suas variantes, como LSTMs, são ferramentas essenciais para lidar com dados sequenciais. Sua capacidade de modelar dependências temporais torna-as indispensáveis para problemas como previsão de séries temporais, análise de texto e reconhecimento de fala. O PyTorch fornece as ferramentas necessárias para construir e treinar esses modelos de maneira eficiente e escalável. Compreender as nuances das RNNs e LSTMs permite explorar uma ampla gama de aplicações práticas e resolver desafios complexos no aprendizado profundo.

CAPÍTULO 12: TRANSFER LEARNING

O Transfer Learning, ou aprendizado por transferência, é uma abordagem que aproveita o conhecimento adquirido por um modelo em uma tarefa para resolver outra tarefa relacionada. Essa técnica tem se tornado cada vez mais popular em aprendizado profundo, especialmente em áreas como visão computacional e processamento de linguagem natural (NLP). Com o Transfer Learning, é possível economizar tempo e recursos ao treinar modelos menores ou adaptá-los para resolver problemas específicos, utilizando modelos pré-treinados em grandes conjuntos de dados.

O Que é e Por Que Utilizar Transfer Learning

O Transfer Learning baseia-se na premissa de que os padrões aprendidos por um modelo em uma tarefa podem ser úteis para outras tarefas. Por exemplo, um modelo treinado para classificar milhões de imagens no ImageNet pode aprender características como bordas, texturas e formas em suas primeiras camadas, que são genéricas o suficiente para serem úteis em outras tarefas de classificação de imagens.

Essa abordagem é especialmente útil quando:

1. O conjunto de dados disponível para a nova tarefa é pequeno, tornando inviável treinar um modelo do zero.
2. O treinamento de um modelo do início requer recursos computacionais significativos, como GPUs de alto

desempenho.

3. A tarefa alvo é semelhante à tarefa original em que o modelo foi pré-treinado.

O Transfer Learning pode ser aplicado de duas maneiras principais:

- **Extração de Características:** As camadas convolucionais de um modelo pré-treinado são usadas para extrair características, que são então alimentadas em uma nova camada totalmente conectada para realizar a tarefa específica.
- **Fine-Tuning:** As camadas superiores do modelo pré-treinado são ajustadas para adaptar o modelo à nova tarefa. Isso requer mais dados e recursos computacionais.

Uso de Modelos Pré-Treinados

O PyTorch fornece acesso a vários modelos pré-treinados através do módulo torchvision.models para visão computacional e bibliotecas como transformers para NLP. Esses modelos são treinados em grandes conjuntos de dados e podem ser usados para uma ampla gama de aplicações.

Carregando um modelo pré-treinado para extração de características:

python

```python
import torch
import torchvision.models as models

# Carregando o modelo ResNet50 pré-treinado
model = models.resnet50(pretrained=True)

# Congelando as camadas para evitar o ajuste de pesos
for param in model.parameters():
    param.requires_grad = False
```

```python
# Substituindo a camada final para ajustar à nova tarefa
num_features = model.fc.in_features
model.fc = torch.nn.Linear(num_features, 10) # 10 classes na
nova tarefa
```

Neste caso, as camadas convolucionais do modelo ResNet50 são usadas para extrair características das imagens, enquanto a última camada é substituída para realizar a classificação em 10 classes específicas.

Realizando fine-tuning para ajustar as camadas superiores:

python

```python
# Descongelando as últimas camadas para ajuste fino
for param in model.layer4.parameters():
    param.requires_grad = True

# Ajustando a última camada também
model.fc = torch.nn.Linear(num_features, 5) # Nova tarefa com
5 classes
```

O ajuste fino permite que o modelo ajuste seus parâmetros para se especializar na nova tarefa, mantendo o conhecimento genérico aprendido nas camadas anteriores.

Estudos de Caso em Visão Computacional

Em visão computacional, o Transfer Learning é amplamente usado em tarefas como classificação de imagens, detecção de objetos e segmentação semântica. Um exemplo prático é a classificação de imagens de gatos e cachorros utilizando um modelo pré-treinado no ImageNet.

Classificação de imagens com Transfer Learning:

python

```python
from torchvision import datasets, transforms
from torch.utils.data import DataLoader
```

```python
# Transformação e carregamento de dados
transform = transforms.Compose([
    transforms.Resize((224, 224)),
    transforms.ToTensor(),
    transforms.Normalize(mean=[0.485, 0.456, 0.406],
std=[0.229, 0.224, 0.225])
])

train_data = datasets.ImageFolder('data/train',
transform=transform)
train_loader = DataLoader(train_data, batch_size=32,
shuffle=True)

# Modelo pré-treinado
model = models.resnet18(pretrained=True)
for param in model.parameters():
    param.requires_grad = False

# Substituindo a última camada
model.fc = torch.nn.Linear(model.fc.in_features, 2)

# Treinamento
criterion = torch.nn.CrossEntropyLoss()
optimizer = torch.optim.Adam(model.fc.parameters(),
lr=0.001)

for epoch in range(5):
    for inputs, labels in train_loader:
        optimizer.zero_grad()
        outputs = model(inputs)
        loss = criterion(outputs, labels)
        loss.backward()
        optimizer.step()

    print(f"Epoch {epoch+1}, Loss: {loss.item():.4f}")
```

Esse código utiliza o modelo ResNet18 para classificar imagens em duas classes (gatos e cachorros). Apenas a última camada é treinada, enquanto as camadas anteriores permanecem congeladas.

Estudos de Caso em NLP

No processamento de linguagem natural, modelos pré-treinados como BERT e GPT são amplamente utilizados para tarefas como análise de sentimentos, tradução de texto e resposta a perguntas. A biblioteca transformers facilita o uso desses modelos no PyTorch.

Classificação de sentimentos com BERT:

python

```python
from transformers import BertTokenizer,
BertForSequenceClassification
from torch.utils.data import DataLoader, Dataset

# Tokenizador e modelo pré-treinado
tokenizer = BertTokenizer.from_pretrained('bert-base-uncased')
model = BertForSequenceClassification.from_pretrained('bert-base-uncased', num_labels=2)

# Dataset customizado
class SentimentDataset(Dataset):
    def __init__(self, texts, labels):
        self.texts = texts
        self.labels = labels

    def __len__(self):
        return len(self.texts)

    def __getitem__(self, idx):
        encoding = tokenizer(self.texts[idx], truncation=True, padding='max_length', max_length=128, return_tensors="pt")
        return {key: val.squeeze(0) for key, val in encoding.items()}, torch.tensor(self.labels[idx], dtype=torch.long)

texts = ["I love this product!", "This is the worst experience I've
```

ever had."]
labels = [1, 0] # 1 = positivo, 0 = negativo

dataset = SentimentDataset(texts, labels)
dataloader = DataLoader(dataset, batch_size=2)

```python
# Treinamento
optimizer = torch.optim.AdamW(model.parameters(), lr=5e-5)

for epoch in range(3):
    for batch in dataloader:
        inputs, labels = batch
        optimizer.zero_grad()
        outputs = model(**inputs)
        loss = outputs.loss
        loss.backward()
        optimizer.step()

    print(f"Epoch {epoch+1}, Loss: {loss.item():.4f}")
```

Esse exemplo demonstra como utilizar o modelo BERT para classificar sentimentos em textos curtos. O tokenizer prepara as entradas e o modelo realiza o ajuste fino para a nova tarefa.

O Transfer Learning é uma ferramenta poderosa que acelera o desenvolvimento de modelos eficientes em aprendizado profundo. Ele permite reutilizar conhecimento previamente adquirido para resolver problemas relacionados, economizando tempo e recursos. Seja em visão computacional ou NLP, o uso de modelos pré-treinados facilita a adaptação a novas tarefas, reduzindo a necessidade de grandes conjuntos de dados e infraestrutura computacional robusta. O PyTorch, com suas bibliotecas integradas e ferramentas, torna o Transfer Learning acessível e eficiente para desenvolvedores e pesquisadores.

CAPÍTULO 13: PYTORCH LIGHTNING

PyTorch Lightning é uma biblioteca que expande a funcionalidade do PyTorch para simplificar e organizar o processo de treinamento e experimentação em aprendizado profundo. Ele permite separar claramente a lógica do modelo e os detalhes de treinamento, promovendo modularidade e reutilização de código. O objetivo do PyTorch Lightning é reduzir o trabalho repetitivo associado ao treinamento de modelos e fornecer uma estrutura organizada que facilita a realização de experimentos em larga escala.

Simplificando Experimentos com PyTorch Lightning

PyTorch Lightning elimina a necessidade de lidar diretamente com aspectos repetitivos, como manipulação de dispositivos, controle de gradientes e checkpoints. Ele automatiza tarefas como validação, testes e logging, permitindo que o desenvolvedor foque na lógica do modelo e na experimentação.

Os principais componentes do PyTorch Lightning incluem:

- LightningModule: Centraliza a definição do modelo, otimizadores e lógica de treinamento.
- **Treinador** (Trainer): Gerencia o treinamento, validação e testes de maneira eficiente e automatizada.
- **Callbacks:** Permitem adicionar funcionalidades customizadas, como early stopping ou salvamento de checkpoints.

Modularização de Código e Experimentação Organizada

O LightningModule organiza o código em métodos bem definidos, como training_step, validation_step e test_step, que separam claramente a lógica de treinamento, validação e teste. Isso resulta em uma estrutura de código mais limpa e fácil de manter.

Criação de um LightningModule para um modelo básico:

python

```python
import torch
from torch import nn
import pytorch_lightning as pl

class SimpleLightningModel(pl.LightningModule):
    def __init__(self):
        super(SimpleLightningModel, self).__init__()
        self.model = nn.Sequential(
            nn.Linear(28 * 28, 128),
            nn.ReLU(),
            nn.Linear(128, 10)
        )
        self.criterion = nn.CrossEntropyLoss()

    def forward(self, x):
        return self.model(x)

    def training_step(self, batch, batch_idx):
        x, y = batch
        x = x.view(x.size(0), -1)  # Achatar as imagens
        y_hat = self(x)
        loss = self.criterion(y_hat, y)
        return loss

    def configure_optimizers(self):
        return torch.optim.Adam(self.parameters(), lr=0.001)
```

O SimpleLightningModel encapsula toda a lógica do modelo, desde a arquitetura até a definição do otimizador e da função de perda. O método training_step realiza o cálculo da perda durante o treinamento.

Organizando o Carregamento de Dados

O PyTorch Lightning recomenda que o carregamento de dados seja feito por meio do método train_dataloader dentro do módulo. Isso garante uma separação clara entre o modelo e os dados.

Definição de carregadores de dados:

python

```python
from torch.utils.data import DataLoader, random_split
from torchvision import datasets, transforms

class MNISTDataModule(pl.LightningDataModule):
    def __init__(self, data_dir='./data', batch_size=64):
        super().__init__()
        self.data_dir = data_dir
        self.batch_size = batch_size

    def prepare_data(self):
        datasets.MNIST(self.data_dir, train=True,
download=True)
        datasets.MNIST(self.data_dir, train=False,
download=True)

    def setup(self, stage=None):
        transform = transforms.Compose([
            transforms.ToTensor(),
            transforms.Normalize((0.5,), (0.5,))
        ])
        if stage == 'fit' or stage is None:
            mnist_full = datasets.MNIST(self.data_dir, train=True,
transform=transform)
            self.mnist_train, self.mnist_val =
random_split(mnist_full, [55000, 5000])
        if stage == 'test' or stage is None:
            self.mnist_test = datasets.MNIST(self.data_dir,
```

```python
                        train=False, transform=transform)

    def train_dataloader(self):
        return DataLoader(self.mnist_train,
batch_size=self.batch_size, shuffle=True)

    def val_dataloader(self):
        return DataLoader(self.mnist_val,
batch_size=self.batch_size)

    def test_dataloader(self):
        return DataLoader(self.mnist_test,
batch_size=self.batch_size)
```

O MNISTDataModule centraliza toda a lógica relacionada ao carregamento e divisão dos dados, permitindo uma configuração limpa e reutilizável para diferentes experimentos.

Exemplo Prático com Redes Neurais

O treinamento de uma rede neural com PyTorch Lightning utiliza o LightningModule e o DataModule definidos anteriormente, junto com o Trainer, que automatiza o processo de treinamento.

Treinamento de um modelo com PyTorch Lightning:

python

```python
from pytorch_lightning import Trainer

# Instanciando o modelo e os dados
model = SimpleLightningModel()
data_module = MNISTDataModule()

# Treinador com callbacks para salvar checkpoints
trainer = Trainer(
    max_epochs=10,
    gpus=1,
    log_every_n_steps=10
)
```

```
trainer.fit(model, datamodule=data_module)
```

O Trainer gerencia o ciclo de treinamento, cuidando de tarefas como movimentar os dados e o modelo para a GPU, monitorar métricas e registrar logs. O uso de GPUs ou TPUs pode ser configurado com facilidade.

Validação e Teste

O processo de validação e teste segue a mesma estrutura do treinamento, mas utilizando os métodos validation_step e test_step dentro do LightningModule.

Adicionando validação ao LightningModule:

python

```python
class SimpleLightningModel(pl.LightningModule):
    def __init__(self):
        super(SimpleLightningModel, self).__init__()
        self.model = nn.Sequential(
            nn.Linear(28 * 28, 128),
            nn.ReLU(),
            nn.Linear(128, 10)
        )
        self.criterion = nn.CrossEntropyLoss()

    def forward(self, x):
        return self.model(x)

    def training_step(self, batch, batch_idx):
        x, y = batch
        x = x.view(x.size(0), -1)
        y_hat = self(x)
        loss = self.criterion(y_hat, y)
        self.log('train_loss', loss)
        return loss

    def validation_step(self, batch, batch_idx):
```

```
x, y = batch
x = x.view(x.size(0), -1)
y_hat = self(x)
loss = self.criterion(y_hat, y)
self.log('val_loss', loss)

def configure_optimizers(self):
    return torch.optim.Adam(self.parameters(), lr=0.001)
```

A validação é realizada automaticamente pelo Trainer após cada época, e os resultados são registrados para análise.

Callbacks e Checkpoints

O PyTorch Lightning permite adicionar callbacks para personalizar o comportamento do treinamento. Um dos callbacks mais úteis é o salvamento de checkpoints, que armazena o estado do modelo para recuperação ou transferência.

Adicionando callbacks de checkpoint e early stopping:

python

```
from pytorch_lightning.callbacks import ModelCheckpoint,
EarlyStopping

checkpoint_callback = ModelCheckpoint(
    monitor='val_loss',
    dirpath='./checkpoints',
    filename='best-checkpoint',
    save_top_k=1,
    mode='min'
)

early_stopping_callback = EarlyStopping(
    monitor='val_loss',
    patience=3,
    mode='min'
)
```

```
trainer = Trainer(
    max_epochs=20,
    gpus=1,
    callbacks=[checkpoint_callback, early_stopping_callback]
)

trainer.fit(model, datamodule=data_module)
```

O ModelCheckpoint armazena o melhor modelo com base em uma métrica monitorada, enquanto o EarlyStopping interrompe o treinamento se a métrica monitorada parar de melhorar após um número especificado de épocas.

O PyTorch Lightning organiza o processo de treinamento de modelos de aprendizado profundo, reduzindo a complexidade e o código redundante. Ele promove uma separação clara entre a lógica do modelo, o carregamento de dados e a execução do treinamento, resultando em experimentos mais limpos e fáceis de gerenciar. Ao utilizar PyTorch Lightning, desenvolvedores e pesquisadores podem se concentrar em inovar na arquitetura de modelos e na análise de resultados, acelerando a exploração de novas ideias em aprendizado profundo.

CAPÍTULO 14: APIS E EXPORTAÇÃO DE MODELOS

Uma parte essencial do ciclo de vida de aprendizado profundo é levar modelos treinados para produção. A exportação de modelos para ambientes de produção exige técnicas que garantam eficiência, interoperabilidade e escalabilidade. No PyTorch, ferramentas como TorchScript e ONNX (Open Neural Network Exchange) permitem a exportação de modelos para diferentes ambientes, enquanto integrações com plataformas como AWS e Azure facilitam o uso em larga escala.

Exportação de Modelos para Produção

A exportação de modelos envolve salvar o modelo treinado em um formato que possa ser usado fora do ambiente de treinamento. Os principais requisitos para a exportação são eficiência de execução, compatibilidade com diferentes linguagens e frameworks, e facilidade de integração com APIs e sistemas de produção.

O PyTorch fornece duas abordagens principais para exportar modelos:

1. **TorchScript:** Uma representação estática dos modelos PyTorch, que pode ser usada para execução em ambientes que não possuem o PyTorch instalado.
2. **ONNX:** Um formato de intercâmbio que permite que modelos sejam executados em outras plataformas, como TensorFlow, ou em motores de inferência especializados.

Salvando e carregando um modelo em PyTorch:

python

```
import torch

# Salvando o modelo
torch.save(model.state_dict(), "model.pth")

# Carregando o modelo
model.load_state_dict(torch.load("model.pth"))
model.eval()
```

Este método salva apenas os pesos do modelo, sendo necessário recriar a arquitetura antes de carregá-los. Para exportação e uso em produção, métodos mais avançados, como TorchScript ou ONNX, são preferíveis.

Uso do TorchScript

TorchScript converte um modelo PyTorch em uma versão estática e otimizável, que pode ser executada em dispositivos que não suportam o PyTorch completo. Ele suporta dois modos de criação:

- **Tracing:** Registra as operações do modelo com base em uma entrada específica.
- **Scripting:** Converte o modelo de forma programática, analisando o código.

Exportação com TorchScript usando tracing:

python

```
# Convertendo o modelo para TorchScript
example_input = torch.rand(1, 3, 224, 224) # Entrada de exemplo
traced_model = torch.jit.trace(model, example_input)
```

```python
# Salvando o modelo
traced_model.save("traced_model.pt")
```

```python
# Carregando o modelo
loaded_model = torch.jit.load("traced_model.pt")
loaded_model.eval()
```

Com TorchScript, o modelo pode ser otimizado para execução eficiente em dispositivos móveis ou incorporado diretamente em aplicações em linguagens como C++.

Exportação com TorchScript usando scripting:

python

```python
# Convertendo o modelo para TorchScript via scripting
scripted_model = torch.jit.script(model)
```

```python
# Salvando o modelo
scripted_model.save("scripted_model.pt")
```

```python
# Carregando o modelo
loaded_model = torch.jit.load("scripted_model.pt")
```

O scripting é mais robusto que o tracing, pois analisa todo o código do modelo e suporta estruturas condicionais e loops.

Uso do ONNX

ONNX é um formato de intercâmbio que permite exportar modelos PyTorch para outros frameworks e motores de inferência. Ele é amplamente utilizado em ambientes de produção que exigem alta performance ou compatibilidade com hardware especializado.

Exportação para ONNX:

python

```python
# Exportando o modelo para ONNX
input_tensor = torch.randn(1, 3, 224, 224)
```

```
torch.onnx.export(
    model,
    input_tensor,
    "model.onnx",
    export_params=True,
    opset_version=11,
    do_constant_folding=True,
    input_names=["input"],
    output_names=["output"]
)
```

Com o modelo exportado para ONNX, ele pode ser carregado em motores como ONNX Runtime ou TensorRT, otimizados para execução em dispositivos específicos, como GPUs NVIDIA.

Carregando e executando um modelo ONNX com ONNX Runtime:

python

```python
import onnxruntime as ort

# Criando uma sessão de inferência
session = ort.InferenceSession("model.onnx")

# Executando inferência
input_name = session.get_inputs()[0].name
output_name = session.get_outputs()[0].name
input_data = input_tensor.numpy()
predictions = session.run([output_name], {input_name:
input_data})
print("Predictions:", predictions)
```

Essa abordagem oferece uma maneira eficiente de realizar inferências em modelos treinados, utilizando infraestrutura otimizada para produção.

Integração com Plataformas como AWS e Azure

Uma vez que o modelo é exportado, ele pode ser integrado a serviços em nuvem como AWS e Azure para inferência escalável. Essas plataformas oferecem ferramentas específicas para hospedar e executar modelos de aprendizado profundo.

AWS SageMaker

O SageMaker permite treinar e hospedar modelos com escalabilidade automática. Modelos exportados podem ser carregados como endpoints REST para inferência.
Implantação de um modelo em AWS SageMaker:

python

```python
import boto3

sagemaker = boto3.client('sagemaker')
model_name = "pytorch-model"
endpoint_name = "pytorch-endpoint"

# Carregando o modelo em um bucket S3
s3 = boto3.client('s3')
s3.upload_file("model.tar.gz", "your-bucket-name", "model/
model.tar.gz")

# Criando um endpoint
sagemaker.create_model(
    ModelName=model_name,
    PrimaryContainer={
        'Image': '763104351884.dkr.ecr.us-
west-2.amazonaws.com/pytorch-inference:1.12.1-cpu-py38',
        'ModelDataUrl': 's3://your-bucket-name/model/
model.tar.gz'
    },
    ExecutionRoleArn='arn:aws:iam::your-account-id:role/
service-role/AmazonSageMaker-ExecutionRole'
)

sagemaker.create_endpoint(
    EndpointName=endpoint_name,
```

```
    EndpointConfigName=model_name
)
```

Azure Machine Learning (AML)

O Azure Machine Learning oferece um ambiente integrado para treinar, implantar e monitorar modelos.
Implantação de um modelo em Azure ML:

python

```python
from azureml.core import Workspace, Model, InferenceConfig, Webservice

ws = Workspace.from_config()

# Registrando o modelo
model = Model.register(ws, model_path="model.onnx", model_name="onnx-model")

# Configuração do ambiente
inference_config = InferenceConfig(runtime="onnxruntime", entry_script="score.py")

# Implantando como um serviço
service = Webservice.deploy_from_model(
    workspace=ws,
    name="onnx-service",
    models=[model],
    inference_config=inference_config,
    deployment_config=None
)

service.wait_for_deployment(show_output=True)
print(service.scoring_uri)
```

Com esses serviços, o modelo pode ser integrado a aplicativos empresariais e escalado para lidar com altos volumes de solicitações de inferência.

Desafios e Boas Práticas

Ao exportar e integrar modelos para produção, é importante considerar:

- **Otimização:** Utilize ferramentas como TorchScript e ONNX para otimizar o modelo e reduzir latências.
- **Escalabilidade:** Integre o modelo a plataformas que suportem balanceamento de carga e escalabilidade automática.
- **Monitoramento:** Monitore o desempenho do modelo em produção para identificar problemas como drift de dados ou necessidade de re-treinamento.
- **Segurança:** Proteja os endpoints de inferência com autenticação e controle de acesso.

Exportar modelos de aprendizado profundo para produção é uma etapa crucial no desenvolvimento de soluções baseadas em inteligência artificial. O PyTorch fornece ferramentas como TorchScript e ONNX para facilitar essa transição, enquanto serviços em nuvem como AWS e Azure tornam a integração e a escalabilidade acessíveis. Ao combinar essas ferramentas e práticas, é possível levar modelos treinados para ambientes reais, onde eles podem gerar impacto direto e fornecer valor tangível em aplicações práticas.

CAPÍTULO 15: OTIMIZAÇÃO DE MODELOS

A otimização de modelos em aprendizado profundo é um aspecto essencial para maximizar o desempenho computacional, reduzir custos e acelerar o treinamento e a inferência. Esse processo envolve a utilização eficiente de hardware, a exploração de técnicas de paralelismo e o ajuste fino de modelos para alcançar máxima eficiência sem comprometer a precisão. Este capítulo aborda estratégias práticas para otimizar modelos no PyTorch, explorando o uso de GPUs, paralelismo e técnicas avançadas de ajuste fino.

Técnicas para Melhorar Desempenho Computacional

A eficiência computacional em aprendizado profundo depende de vários fatores, como a arquitetura do modelo, o tamanho do conjunto de dados, o hardware disponível e a configuração dos parâmetros. Algumas abordagens fundamentais para melhorar o desempenho incluem:

Quantização

Reduzir a precisão numérica dos pesos e ativações de um modelo (por exemplo, de 32 bits para 8 bits) diminui o uso de memória e acelera cálculos, especialmente em dispositivos móveis e embarcados.

Aplicação de quantização no PyTorch:

python

```
import torch.quantization

model_fp32 = models.resnet18(pretrained=True)
model_fp32.eval()
# Convertendo para um modelo quantizado
model_int8 = torch.quantization.quantize_dynamic(
    model_fp32, {torch.nn.Linear}, dtype=torch.qint8
)
print("Modelo quantizado:", model_int8)
```

Poda de Pesos (Pruning)

Remover conexões menos importantes de um modelo reduz sua complexidade, melhorando o desempenho computacional sem impacto significativo na precisão.
Poda de pesos com PyTorch:

python

```
from torch.nn.utils.prune import l1_unstructured, remove

model = models.resnet18(pretrained=True)

# Aplicando poda L1 em uma camada
l1_unstructured(model.layer1[0].conv1, name='weight',
amount=0.4)

# Removendo a máscara de poda após o treinamento
remove(model.layer1[0].conv1, 'weight')
```

Fusão de Operações

Combinar múltiplas operações em uma única operação (como convolução e Batch Normalization) reduz a sobrecarga computacional.

Fusão no TorchScript:

python

```
scripted_model = torch.jit.script(model)
fused_model = torch.quantization.fuse_modules(
    scripted_model, [['conv1', 'bn1', 'relu']]
)
print("Modelo com fusão:", fused_model)
```

Uso de GPUs e Paralelismo

As GPUs são amplamente utilizadas em aprendizado profundo devido à sua capacidade de realizar cálculos paralelos massivos. No entanto, aproveitar todo o potencial das GPUs exige uma abordagem cuidadosa de gerenciamento de dispositivos e paralelismo.

Transferência de Dados para GPU

No PyTorch, os tensores e modelos devem ser explicitamente movidos para a GPU para aproveitar a aceleração.
Treinamento usando GPU:

python

```
device = torch.device('cuda' if torch.cuda.is_available() else 'cpu')
model = model.to(device)
criterion = criterion.to(device)

for inputs, labels in dataloader:
    inputs, labels = inputs.to(device), labels.to(device)
    outputs = model(inputs)
    loss = criterion(outputs, labels)
```

Data Parallelism

Dividir os dados entre múltiplas GPUs permite acelerar o treinamento distribuindo a carga computacional.

Implementação de Data Parallelism:

python

```
from torch.nn import DataParallel

model = DataParallel(model)
model = model.to(device)
```

O PyTorch divide automaticamente os dados em lotes menores e realiza operações paralelas em cada GPU disponível.

Distributed Data Parallel (DDP)

O DDP é mais eficiente que o Data Parallel para treinamento em múltiplos nós ou GPUs, pois reduz a comunicação entre dispositivos.
Configuração de DDP:

bash

```
python -m torch.distributed.launch --nproc_per_node=4 train.py
```

Código no train.py:

python

```
import torch.distributed as dist
from torch.nn.parallel import DistributedDataParallel as DDP

dist.init_process_group(backend='nccl')
model = model.to(device)
model = DDP(model)
```

Ajuste Fino de Modelos para Máxima Eficiência

O ajuste fino de modelos é um processo contínuo de otimização que visa equilibrar precisão, uso de recursos e tempo de execução. Algumas estratégias incluem:

Batch Size Otimizado

Aumentar o tamanho do lote pode melhorar o uso da GPU, mas é necessário ajustar a taxa de aprendizado proporcionalmente. Ajuste dinâmico do batch size:

python

```python
for batch_size in [32, 64, 128]:
    dataloader = DataLoader(dataset, batch_size=batch_size)
    # Treinamento aqui
```

Exploração de Arquiteturas

Testar diferentes arquiteturas para encontrar a mais eficiente para uma tarefa específica. Modelos como MobileNet e EfficientNet são projetados para eficiência.
Substituindo uma ResNet por MobileNetV2:

python

```python
from torchvision.models import mobilenet_v2

model = mobilenet_v2(pretrained=True)
model.fc = torch.nn.Linear(model.last_channel, 10)
```

Mixed Precision Training

Treinar modelos em precisão mista (16 bits e 32 bits) reduz o uso de memória e acelera os cálculos.
Configuração com torch.cuda.amp:

python

```python
from torch.cuda.amp import GradScaler, autocast

scaler = GradScaler()

for inputs, labels in dataloader:
    optimizer.zero_grad()
    with autocast():
        outputs = model(inputs)
        loss = criterion(outputs, labels)
    scaler.scale(loss).backward()
    scaler.step(optimizer)
    scaler.update()
```

Uso de Profiling para Identificação de Gargalos

O profiler do PyTorch ajuda a identificar operações que consomem muito tempo ou recursos.
Uso do profiler:

python

```python
with torch.profiler.profile(
    activities=[
        torch.profiler.ProfilerActivity.CPU,
        torch.profiler.ProfilerActivity.CUDA
    ],
    on_trace_ready=torch.profiler.tensorboard_trace_handler('./
logs'),
    record_shapes=True,
    with_stack=True
) as prof:
    for inputs, labels in dataloader:
        outputs = model(inputs)

print(prof.key_averages().table(sort_by="cuda_time_total"))
```

Deployment em Infraestrutura Otimizada

Utilizar plataformas como TensorRT ou ONNX Runtime para inferência otimizada.
Inferência com TensorRT:

bash

```
trtexec --onnx=model.onnx --saveEngine=model.trt
```

Executando o modelo TensorRT:

python

```
import tensorrt as trt

TRT_LOGGER = trt.Logger(trt.Logger.WARNING)
with open("model.trt", "rb") as f, trt.Runtime(TRT_LOGGER) as runtime:
    engine = runtime.deserialize_cuda_engine(f.read())
```

A otimização de modelos em aprendizado profundo é um equilíbrio entre desempenho, eficiência e precisão. O uso de GPUs, paralelismo, técnicas avançadas como quantização e poda, e ferramentas como TorchScript e ONNX Runtime garante que os modelos sejam executados com máxima eficiência. O ajuste contínuo e o uso de técnicas de profiling ajudam a identificar gargalos e implementar melhorias iterativas. Com essas estratégias, é possível levar modelos otimizados para produção, oferecendo soluções rápidas, escaláveis e de alta performance.

CAPÍTULO 16: REDES ADVERSÁRIAS GENERATIVAS (GANS)

As Redes Adversárias Generativas (GANs, do inglês *Generative Adversarial Networks*) representam um dos avanços mais fascinantes em aprendizado profundo, possibilitando a criação de conteúdo novo e realista, como imagens, áudio e texto. Elas são compostas por duas redes neurais que competem entre si em um cenário de jogo de soma zero: um gerador, que cria dados sintéticos, e um discriminador, que avalia a autenticidade desses dados. Essa dinâmica adversarial leva ambas as redes a melhorar continuamente, resultando em uma capacidade surpreendente de gerar dados que se assemelham muito aos reais.

Introdução ao Conceito de GANs

As GANs, introduzidas por Ian Goodfellow em 2014, têm como principal objetivo gerar dados realistas a partir de uma distribuição latente, como um vetor de números aleatórios. Elas consistem em dois componentes principais:

1. **Gerador (Generator):** Uma rede neural que toma um vetor de ruído como entrada e gera dados sintéticos.
2. **Discriminador (Discriminator):** Uma rede neural que tenta distinguir entre dados reais (provenientes do conjunto de dados de treinamento) e dados falsos (produzidos pelo gerador).

O treinamento das GANs segue o princípio do jogo adversarial. O gerador tenta enganar o discriminador, enquanto o discriminador tenta melhorar sua capacidade de distinguir os dados reais dos gerados. A função de perda usada reflete essa dinâmica e é derivada do conceito de entropia cruzada binária.

Arquitetura básica de uma GAN:

- **Gerador:** Começa com um vetor latente de ruído e usa camadas densas ou convolucionais transpostas para criar saídas no mesmo formato dos dados reais.
- **Discriminador:** Recebe como entrada os dados reais e gerados, passando-os por uma série de camadas densas ou convolucionais para produzir uma saída binária, representando a classificação do dado como real ou falso.

Implementação de GANs Simples no PyTorch

A implementação de uma GAN básica no PyTorch envolve a definição do gerador e do discriminador, o treinamento adversarial e o ajuste dos hiperparâmetros.

1. Definição do Gerador e do Discriminador

Gerador:

python

```python
import torch
import torch.nn as nn

class Generator(nn.Module):
    def __init__(self, latent_dim, output_dim):
        super(Generator, self).__init__()
        self.model = nn.Sequential(
            nn.Linear(latent_dim, 128),
            nn.ReLU(inplace=True),
            nn.Linear(128, 256),
            nn.ReLU(inplace=True),
            nn.Linear(256, output_dim),
            nn.Tanh()
        )
```

```python
def forward(self, z):
    return self.model(z)
```

O gerador transforma um vetor de ruído latente em uma saída no mesmo formato dos dados reais. A função de ativação Tanh normaliza os valores na faixa de -1 a 1, o que é útil ao lidar com dados normalizados.

Discriminador:

python

```python
class Discriminator(nn.Module):
    def __init__(self, input_dim):
        super(Discriminator, self).__init__()
        self.model = nn.Sequential(
            nn.Linear(input_dim, 256),
            nn.LeakyReLU(0.2, inplace=True),
            nn.Linear(256, 128),
            nn.LeakyReLU(0.2, inplace=True),
            nn.Linear(128, 1),
            nn.Sigmoid()
        )

    def forward(self, x):
        return self.model(x)
```

O discriminador classifica os dados como reais ou falsos, usando a função de ativação Sigmoid para produzir uma saída binária.

2. Treinamento Adversarial

O treinamento é dividido em dois passos principais:

- Atualizar o discriminador para melhorar sua capacidade de distinguir entre dados reais e falsos.
- Atualizar o gerador para enganar o discriminador.

python

```python
import torch.optim as optim

# Hiperparâmetros
latent_dim = 100
data_dim = 784  # Por exemplo, imagens 28x28 achatadas
batch_size = 64
epochs = 100

# Instâncias do gerador e discriminador
generator = Generator(latent_dim, data_dim)
discriminator = Discriminator(data_dim)

# Função de perda e otimizadores
criterion = nn.BCELoss()
optimizer_g = optim.Adam(generator.parameters(), lr=0.0002)
optimizer_d = optim.Adam(discriminator.parameters(),
lr=0.0002)

# Treinamento
for epoch in range(epochs):
    for real_data, _ in dataloader:
        # Dados reais e falsos
        real_labels = torch.ones(batch_size, 1)
        fake_labels = torch.zeros(batch_size, 1)

        # Treinando o discriminador
        optimizer_d.zero_grad()
        real_outputs = discriminator(real_data)
        real_loss = criterion(real_outputs, real_labels)

        z = torch.randn(batch_size, latent_dim)
        fake_data = generator(z)
        fake_outputs = discriminator(fake_data.detach())
        fake_loss = criterion(fake_outputs, fake_labels)

        loss_d = real_loss + fake_loss
        loss_d.backward()
        optimizer_d.step()

        # Treinando o gerador
```

```
optimizer_g.zero_grad()
fake_outputs = discriminator(fake_data)
loss_g = criterion(fake_outputs, real_labels)
loss_g.backward()
optimizer_g.step()

 print(f"Epoch {epoch+1}, Loss D: {loss_d.item():.4f}, Loss G:
{loss_g.item():.4f}")
```

Esse processo envolve alternar entre treinar o discriminador e o gerador, garantindo que ambos melhorem suas respectivas funções.

Aplicações em Geração de Imagens

As GANs têm aplicações práticas notáveis em geração de imagens. Elas são usadas em tarefas como:

- **Criação de imagens realistas:** Modelos como StyleGAN geram rostos humanos que são praticamente indistinguíveis de fotos reais.
- **Transferência de estilo:** GANs podem aplicar estilos artísticos a imagens ou transformar fotos de um domínio para outro, como de dia para noite.
- **Super-resolução:** GANs podem aumentar a resolução de imagens sem perda significativa de qualidade.

Exemplo de geração de imagens no MNIST:

python

```
import matplotlib.pyplot as plt

# Gerando amostras de imagens
z = torch.randn(16, latent_dim)
generated_images = generator(z).view(-1, 1, 28, 28).detach()

# Exibindo as imagens geradas
grid = torchvision.utils.make_grid(generated_images, nrow=4,
```

```
normalize=True)
plt.imshow(grid.permute(1, 2, 0).numpy(), cmap="gray")
plt.show()
```

Essa abordagem mostra como as GANs podem ser usadas para criar novas amostras de imagens baseadas no formato do conjunto de dados de treinamento.

Desafios e Estratégias de Melhoria

Embora poderosas, as GANs enfrentam desafios, como instabilidade no treinamento e falta de convergência. Algumas estratégias para melhorar o desempenho incluem:

- **Uso de loss functions alternativas:** Funções como WGAN (Wasserstein GAN) melhoram a estabilidade.
- **Normalização de camadas:** Normalização de batch ajuda a regularizar o treinamento.
- **Aprimoramento do gerador e discriminador:** Arquiteturas mais profundas ou especializadas podem melhorar a qualidade dos dados gerados.

As Redes Adversárias Generativas são ferramentas poderosas no aprendizado profundo, com uma ampla gama de aplicações práticas. Com uma estrutura adversarial, elas são capazes de gerar dados de alta qualidade, explorando o equilíbrio entre o gerador e o discriminador. Implementar e treinar GANs no PyTorch oferece uma experiência prática para entender o poder dessas redes, ao mesmo tempo em que destaca os desafios únicos que acompanham o treinamento adversarial.

CAPÍTULO 17: PYTORCH PARA PROCESSAMENTO DE LINGUAGEM NATURAL (NLP)

O processamento de linguagem natural (NLP) é uma área de aprendizado profundo que foca em ensinar máquinas a compreender e gerar linguagem humana. Usando PyTorch, é possível criar soluções robustas para problemas de NLP, como tradução, análise de sentimentos e geração de texto. Este capítulo explora como construir embeddings, implementar Transformers e trabalhar com modelos pré-treinados como BERT, culminando em um estudo de caso em análise de sentimentos.

Construção de Embeddings e Word2Vec

Embeddings são representações densas de palavras em um espaço vetorial contínuo, onde palavras semanticamente semelhantes estão mais próximas. Eles são a base de muitos modelos de NLP modernos, pois transformam dados textuais em um formato que redes neurais podem processar.

1. Representações One-Hot vs. Embeddings

Antes dos embeddings, as representações *one-hot* eram amplamente utilizadas. No entanto, elas sofrem de problemas como alta dimensionalidade e falta de generalização. Embeddings como Word2Vec, GloVe e FastText superam essas limitações, aprendendo representações compactas e semânticas das palavras.

Implementação de embeddings treináveis no PyTorch:

python

```
import torch
import torch.nn as nn

class WordEmbeddingModel(nn.Module):
    def __init__(self, vocab_size, embedding_dim):
        super(WordEmbeddingModel, self).__init__()
        self.embeddings = nn.Embedding(vocab_size, embedding_dim)

    def forward(self, x):
        return self.embeddings(x)

# Parâmetros
vocab_size = 10000  # Tamanho do vocabulário
embedding_dim = 50  # Dimensão dos embeddings

# Modelo de embeddings
model = WordEmbeddingModel(vocab_size, embedding_dim)

# Entrada de exemplo
words = torch.tensor([1, 2, 3, 4])  # Índices das palavras no vocabulário
embedded_words = model(words)
print("Embeddings:", embedded_words)
```

Os embeddings gerados pelo modelo acima são treináveis, permitindo que sejam ajustados durante o treinamento do modelo principal.

2. Treinamento de Word2Vec

Word2Vec usa dois métodos principais para aprender embeddings:

- *Continuous Bag of Words (CBOW):* Prever uma palavra com base no seu contexto.
- *Skip-Gram:* Prever o contexto de uma palavra específica.

Implementação de Skip-Gram:

python

```
class SkipGram(nn.Module):
    def __init__(self, vocab_size, embedding_dim):
        super(SkipGram, self).__init__()
        self.embeddings = nn.Embedding(vocab_size,
embedding_dim)
        self.fc = nn.Linear(embedding_dim, vocab_size)

    def forward(self, x):
        embedded = self.embeddings(x)
        output = self.fc(embedded)
        return output

# Definição do modelo e treinamento omitido para brevidade
```

Implementação de Transformers e Modelos BERT

Transformers revolucionaram o NLP ao introduzir a autoatenção, permitindo que modelos processem sequências inteiras em paralelo e capturem dependências globais. Modelos como BERT (Bidirectional Encoder Representations from Transformers) são baseados em Transformers e oferecem representações contextuais de palavras.

1. Arquitetura Básica de Transformers

Transformers consistem em codificadores (encoders) e decodificadores (decoders), cada um com múltiplas camadas de autoatenção e feedforward.

Implementação de um módulo de autoatenção no PyTorch:

python

```
class SelfAttention(nn.Module):
    def __init__(self, embed_dim):
        super(SelfAttention, self).__init__()
        self.query = nn.Linear(embed_dim, embed_dim)
        self.key = nn.Linear(embed_dim, embed_dim)
        self.value = nn.Linear(embed_dim, embed_dim)
        self.scale = embed_dim ** 0.5

    def forward(self, x):
        Q = self.query(x)
        K = self.key(x)
        V = self.value(x)

        attention_weights = torch.softmax(torch.matmul(Q,
K.transpose(-2, -1)) / self.scale, dim=-1)
        output = torch.matmul(attention_weights, V)
        return output

# Uso em um Transformer completo é expandido em estudos
avançados
```

2. **Modelos Pré-Treinados: BERT**

BERT é um modelo de linguagem pré-treinado que aprende representações contextuais bidirecionais. Ele pode ser ajustado para tarefas específicas de NLP, como análise de sentimentos ou resposta a perguntas.

Carregando e ajustando BERT para classificação de sentimentos:

python

```
from transformers import BertTokenizer,
BertForSequenceClassification

# Carregando o modelo pré-treinado e o tokenizador
```

```
tokenizer = BertTokenizer.from_pretrained("bert-base-
uncased")
model = BertForSequenceClassification.from_pretrained("bert-
base-uncased", num_labels=2)

# Preparação dos dados
text = ["I love this!", "This is terrible."]
inputs = tokenizer(text, padding=True, truncation=True,
return_tensors="pt")

# Inferência
outputs = model(**inputs)
logits = outputs.logits
print("Logits:", logits)
```

Esse exemplo demonstra como usar BERT para inferir se as frases possuem sentimentos positivos ou negativos.

Estudos de Caso com Análise de Sentimentos

A análise de sentimentos é uma aplicação comum em NLP, que categoriza textos como positivos, negativos ou neutros. Usando PyTorch, é possível criar modelos personalizados ou aproveitar modelos pré-treinados.

1. Criação de Dataset Customizado

python

```
from torch.utils.data import Dataset

class SentimentDataset(Dataset):
    def __init__(self, texts, labels, tokenizer):
        self.texts = texts
        self.labels = labels
        self.tokenizer = tokenizer

    def __len__(self):
        return len(self.texts)
```

```python
    def __getitem__(self, idx):
        encoding = self.tokenizer(self.texts[idx], truncation=True,
padding="max_length", max_length=128, return_tensors="pt")
        label = torch.tensor(self.labels[idx])
        return {key: val.squeeze(0) for key, val in
encoding.items()}, label

# Textos e rótulos de exemplo
texts = ["I enjoyed the movie", "The food was awful"]
labels = [1, 0]  # 1 = positivo, 0 = negativo
tokenizer = BertTokenizer.from_pretrained("bert-base-
uncased")
dataset = SentimentDataset(texts, labels, tokenizer)
```

2. **Treinamento e Avaliação**

python

```python
from torch.utils.data import DataLoader
from transformers import AdamW

# DataLoader
dataloader = DataLoader(dataset, batch_size=2, shuffle=True)

# Configuração do otimizador
optimizer = AdamW(model.parameters(), lr=5e-5)

# Ciclo de treinamento
model.train()
for epoch in range(3):
    for batch in dataloader:
        optimizer.zero_grad()
        outputs = model(**batch[0])
        loss = outputs.loss
        loss.backward()
        optimizer.step()

    print(f"Epoch {epoch+1}, Loss: {loss.item():.4f}")
```

Esse processo ajusta os pesos de BERT para otimizar seu desempenho na tarefa de análise de sentimentos.

Com ferramentas como embeddings, Transformers e modelos pré-treinados, o PyTorch oferece um ecossistema poderoso para resolver problemas em processamento de linguagem natural. Desde a construção de representações de palavras até o ajuste fino de modelos como BERT, é possível criar soluções eficientes e personalizadas para uma ampla gama de aplicações. A análise de sentimentos, usada como estudo de caso, demonstra a capacidade de integrar esses componentes para obter resultados práticos e de alto impacto.

CAPÍTULO 18: SEGURANÇA E ROBUSTEZ DE MODELOS

Com o crescimento do uso de modelos de aprendizado profundo em aplicações críticas, como saúde, segurança pública e sistemas financeiros, garantir a segurança e a robustez desses modelos tornou-se essencial. Modelos podem ser alvos de ataques adversários, e falhas em sua robustez podem levar a decisões erradas com graves consequências. Este capítulo aborda como proteger modelos contra ataques adversários, aplicar técnicas de robustez e validação, e utilizar ferramentas de segurança disponíveis no PyTorch para garantir que os modelos operem de forma confiável em ambientes reais.

Protegendo Modelos Contra Ataques Adversários

Ataques adversários consistem na manipulação intencional de entradas do modelo para causar erros específicos. Esses ataques são especialmente perigosos porque as alterações nas entradas geralmente são imperceptíveis para os humanos, mas levam os modelos a fazerem previsões incorretas. Existem diferentes tipos de ataques adversários, como o método de gradiente assinalado (FGSM) e ataques baseados em otimização, como PGD (Projected Gradient Descent).

FGSM é um ataque rápido e eficaz que perturba os dados de entrada adicionando um pequeno ruído na direção do gradiente da perda em relação à entrada.

Implementação de FGSM:

python

```python
import torch

def fgsm_attack(model, inputs, labels, epsilon):
    inputs.requires_grad = True
    outputs = model(inputs)
    loss = torch.nn.CrossEntropyLoss()(outputs, labels)
    loss.backward()
    perturbed_inputs = inputs + epsilon * inputs.grad.sign()
    perturbed_inputs = torch.clamp(perturbed_inputs, 0, 1)
    return perturbed_inputs

# Dados de exemplo
inputs = torch.rand(1, 1, 28, 28) # Imagem de entrada
labels = torch.tensor([1]) # Rótulo verdadeiro
model.eval()
perturbed_inputs = fgsm_attack(model, inputs, labels,
epsilon=0.1)
```

O uso de entradas adversárias pode revelar vulnerabilidades do modelo, ajudando a melhorar sua robustez. Além disso, técnicas como adversarial training aumentam a resiliência do modelo. Adversarial training envolve treinar o modelo com dados adversários gerados durante o treinamento.

Treinamento adversário:

python

```python
for inputs, labels in dataloader:
    inputs.requires_grad = True
    perturbed_inputs = fgsm_attack(model, inputs, labels,
epsilon=0.1)
    optimizer.zero_grad()
    outputs = model(perturbed_inputs)
    loss = criterion(outputs, labels)
    loss.backward()
    optimizer.step()
```

Técnicas de Robustez e Validação

A robustez de um modelo refere-se à sua capacidade de operar corretamente mesmo quando exposto a entradas ruidosas ou inesperadas. Garantir a robustez requer estratégias abrangentes que incluem regularização, augmentação de dados e validação rigorosa.

Regularização é uma técnica essencial para melhorar a robustez. Métodos como L1, L2 ou Dropout ajudam a evitar overfitting, permitindo que o modelo generalize melhor para dados não vistos.

Adicionando regularização L2:

python

```
optimizer = torch.optim.Adam(model.parameters(), lr=0.001,
weight_decay=1e-5)
```

Augmentação de dados aumenta a diversidade dos dados de treinamento, melhorando a capacidade do modelo de lidar com variações. No contexto de imagens, transformações como rotação, zoom e ajuste de brilho são úteis. No PyTorch, augmentação pode ser feita usando torchvision.transforms.

Pipeline de augmentação:

python

```
from torchvision import transforms

transform = transforms.Compose([
    transforms.RandomHorizontalFlip(),
    transforms.RandomRotation(10),
    transforms.ColorJitter(brightness=0.2, contrast=0.2),
    transforms.ToTensor()
])
```

```
dataset = datasets.MNIST('./data', train=True,
transform=transform, download=True)
```

Validação cruzada é outra prática recomendada para garantir a robustez. Dividindo o conjunto de dados em múltiplas partições, o modelo é treinado e validado em diferentes subconjuntos, oferecendo uma avaliação mais abrangente de sua performance.

Validação cruzada com PyTorch:

python

```
from sklearn.model_selection import KFold

kf = KFold(n_splits=5)
for train_idx, val_idx in kf.split(dataset):
    train_subset = torch.utils.data.Subset(dataset, train_idx)
    val_subset = torch.utils.data.Subset(dataset, val_idx)
    train_loader = DataLoader(train_subset, batch_size=64,
shuffle=True)
    val_loader = DataLoader(val_subset, batch_size=64)
    # Treinamento e validação aqui
```

Ferramentas de Segurança no PyTorch

O PyTorch oferece ferramentas e bibliotecas adicionais para melhorar a segurança e a robustez dos modelos. Algumas dessas ferramentas incluem o torchattacks para simulação de ataques adversários e o torch.nn.functional para normalização e manipulação de dados.

1. Simulação de Ataques com Torchattacks

Torchattacks é uma biblioteca especializada em ataques adversários, que facilita a geração de entradas adversárias em larga escala.

Instalação:

bash

```
pip install torchattacks
```

Uso para gerar entradas adversárias:

python

```
import torchattacks

attack = torchattacks.FGSM(model, epsilon=0.1)
adv_inputs = attack(inputs, labels)
```

Essa ferramenta é útil para testar modelos contra diferentes tipos de ataques, fornecendo insights sobre suas vulnerabilidades.

2. Normalização e Controle de Dados

Normalizar os dados de entrada reduz a sensibilidade do modelo a variações. No PyTorch, normalização é feita com o torchvision.transforms.Normalize.

Normalização de imagens:

python

```
transform = transforms.Compose([
    transforms.ToTensor(),
    transforms.Normalize(mean=[0.5], std=[0.5])
])
```

Batch Normalization e Layer Normalization são técnicas adicionais que ajudam a estabilizar o treinamento e melhorar a robustez.

Implementação de Batch Normalization:

python

```python
class ModelWithBN(nn.Module):
    def __init__(self):
        super(ModelWithBN, self).__init__()
        self.conv = nn.Conv2d(1, 32, kernel_size=3)
        self.bn = nn.BatchNorm2d(32)

    def forward(self, x):
        x = self.conv(x)
        x = self.bn(x)
        return torch.relu(x)
```

3. Salvamento e Recuperação de Modelos Seguros

A segurança dos modelos também envolve proteger os pesos treinados contra corrupção ou acesso não autorizado. Salvar e carregar modelos no PyTorch pode ser feito de forma segura com o uso de hashes e verificações de integridade.

Salvando e verificando um modelo:

python

```python
import hashlib

def save_model(model, path):
    torch.save(model.state_dict(), path)
    with open(path, 'rb') as f:
        hash_value = hashlib.sha256(f.read()).hexdigest()
    return hash_value

def load_model(model, path, expected_hash):
    with open(path, 'rb') as f:
        hash_value = hashlib.sha256(f.read()).hexdigest()
    if hash_value != expected_hash:
        raise ValueError("Modelo corrompido ou modificado!")
    model.load_state_dict(torch.load(path))
    return model

# Salvando
hash_value = save_model(model, "model.pth")
```

```
# Carregando
model = load_model(model, "model.pth", hash_value)
```

Esse método garante que o modelo não seja alterado entre o salvamento e o carregamento, protegendo-o contra manipulação.

Garantir a segurança e a robustez de modelos de aprendizado profundo é um componente indispensável no desenvolvimento de sistemas confiáveis. Com técnicas como adversarial training, augmentação de dados, validação cruzada e o uso de ferramentas como Torchattacks, é possível mitigar vulnerabilidades e aumentar a resiliência dos modelos. O PyTorch, com sua flexibilidade e ferramentas integradas, fornece os recursos necessários para implementar soluções robustas, protegendo os modelos contra ataques e falhas em aplicações do mundo real. Este enfoque abrangente assegura que os sistemas baseados em aprendizado profundo possam operar com eficiência e confiabilidade, mesmo em cenários adversos.

CAPÍTULO 19: TREINAMENTO DISTRIBUÍDO

Treinamento distribuído é uma técnica fundamental em aprendizado profundo, especialmente para grandes conjuntos de dados e modelos complexos. Ele permite que o processo de treinamento seja acelerado ao distribuir a carga computacional entre múltiplos dispositivos, como GPUs, ou mesmo em clusters de computadores. O PyTorch oferece ferramentas robustas, como DistributedDataParallel, para facilitar a implementação de treinamento distribuído de forma eficiente e escalável. Este capítulo detalha como configurar treinamentos para múltiplas GPUs, utilizar DistributedDataParallel e explorar estratégias para aceleração em clusters.

Configuração para Múltiplas GPUs

Ao usar múltiplas GPUs em um único sistema, é essencial configurar corretamente o PyTorch para distribuir os dados e operações entre os dispositivos disponíveis. Isso requer o gerenciamento explícito de dispositivos e a divisão de tarefas para aproveitar ao máximo o hardware.

Identificação de dispositivos disponíveis:

python

```python
import torch

if torch.cuda.is_available():
    print(f"GPUs disponíveis: {torch.cuda.device_count()}")
    for i in range(torch.cuda.device_count()):
```

```
      print(f"GPU {i}: {torch.cuda.get_device_name(i)}")
else:
   print("Nenhuma GPU disponível")
```

O treinamento distribuído em múltiplas GPUs geralmente começa com DataParallel, que distribui os lotes de dados entre GPUs e combina os resultados após a computação. No entanto, essa abordagem tem limitações de comunicação, tornando-a menos eficiente em larga escala.

Treinamento com DataParallel:

python

```
import torch.nn as nn

model = nn.Linear(10, 1)
model = nn.DataParallel(model)
model = model.to("cuda")

# Ciclo de treinamento
for inputs, labels in dataloader:
    inputs, labels = inputs.to("cuda"), labels.to("cuda")
    outputs = model(inputs)
    loss = criterion(outputs, labels)
    loss.backward()
    optimizer.step()
```

Embora seja simples de usar, DataParallel é limitado em desempenho quando comparado a DistributedDataParallel, que será abordado na próxima seção.

Uso de DistributedDataParallel

DistributedDataParallel (DDP) é uma ferramenta mais eficiente do PyTorch para treinamento distribuído. Ele minimiza a sobrecarga de comunicação entre GPUs, tornando-o ideal para grandes volumes de dados e modelos complexos. O DDP pode ser usado tanto em um único nó com várias GPUs quanto em múltiplos nós em um cluster.

Configuração básica do DDP em um nó com múltiplas GPUs:

python

```python
import torch
import torch.nn as nn
import torch.distributed as dist
from torch.nn.parallel import DistributedDataParallel as DDP

def setup_ddp(rank, world_size):
    dist.init_process_group("nccl", rank=rank,
world_size=world_size)
    torch.cuda.set_device(rank)

def cleanup_ddp():
    dist.destroy_process_group()

def main_ddp(rank, world_size):
    setup_ddp(rank, world_size)
    model = nn.Linear(10, 1).to(rank)
    model = DDP(model, device_ids=[rank])

    optimizer = torch.optim.SGD(model.parameters(), lr=0.01)
    criterion = nn.MSELoss()

    for epoch in range(5):
        for inputs, labels in dataloader:
            inputs, labels = inputs.to(rank), labels.to(rank)
            outputs = model(inputs)
            loss = criterion(outputs, labels)
            optimizer.zero_grad()
            loss.backward()
            optimizer.step()

    cleanup_ddp()

world_size = torch.cuda.device_count()
torch.multiprocessing.spawn(main_ddp, args=(world_size,),
nprocs=world_size)
```

Nesse exemplo, cada processo gerencia uma GPU, permitindo que os cálculos sejam realizados de maneira eficiente. A comunicação entre os dispositivos é gerenciada pelo backend NCCL (NVIDIA Collective Communications Library).

Acelerando Treinamentos em Clusters

Treinamento distribuído em clusters requer a configuração de múltiplos nós, onde cada nó pode conter múltiplas GPUs. Para isso, é necessário definir o ambiente de execução, incluindo endereços dos nós, portas de comunicação e inicialização do grupo de processos distribuídos.

Configuração de treinamento distribuído em clusters:

1. Configuração do Ambiente

Definir variáveis de ambiente para inicializar os processos distribuídos:

bash

```
MASTER_ADDR=192.168.1.1 # Endereço do nó mestre
MASTER_PORT=12345      # Porta de comunicação
WORLD_SIZE=4           # Número total de processos
RANK=0                 # Índice do processo atual
```

2. Código para Múltiplos Nós

Ajuste do código para suportar múltiplos nós:

python

```
def setup_ddp_cluster(rank, world_size, master_addr,
master_port):
    os.environ["MASTER_ADDR"] = master_addr
    os.environ["MASTER_PORT"] = master_port
```

```
dist.init_process_group("nccl", rank=rank,
world_size=world_size)
torch.cuda.set_device(rank % torch.cuda.device_count())
```

O treinamento distribuído pode ser acelerado ainda mais utilizando bibliotecas como Horovod ou serviços de nuvem que oferecem suporte nativo para treinamento distribuído.

Estratégias de Otimização

Para obter o máximo de eficiência no treinamento distribuído, algumas práticas recomendadas devem ser seguidas:

1. **Redução de Comunicação** Usar gradientes acumulados e compressão de gradientes pode reduzir o tempo de comunicação entre GPUs.
2. **Overlapping de Comunicação e Computação** Utilizar técnicas que sobrepõem operações de comunicação e computação, como torch.cuda.stream.
3. **Configuração Otimizada de Tamanho de Lote** Ajustar o tamanho do lote para cada GPU pode melhorar a eficiência. Tamanhos maiores de lote também permitem reduzir o número de iterações, diminuindo a sobrecarga de comunicação.
4. **Uso de Mixed Precision** Treinamento com precisão mista, utilizando o torch.cuda.amp, reduz o uso de memória e acelera os cálculos.

python

```python
from torch.cuda.amp import GradScaler, autocast

scaler = GradScaler()

for inputs, labels in dataloader:
    with autocast():
        outputs = model(inputs)
```

```
    loss = criterion(outputs, labels)
  scaler.scale(loss).backward()
  scaler.step(optimizer)
  scaler.update()
```

5. **Perfis de Treinamento** Utilizar o profiler do PyTorch para identificar gargalos no treinamento distribuído.

python

```
with torch.profiler.profile(
    activities=[torch.profiler.ProfilerActivity.CPU,
torch.profiler.ProfilerActivity.CUDA],
    on_trace_ready=torch.profiler.tensorboard_trace_handler('./
logs'),
    record_shapes=True
) as prof:
    for inputs, labels in dataloader:
        outputs = model(inputs)
```

Treinamento distribuído é uma necessidade para lidar com modelos de aprendizado profundo cada vez maiores e conjuntos de dados mais complexos. Com ferramentas como DistributedDataParallel, o PyTorch oferece uma solução eficiente e escalável para aproveitar ao máximo o hardware disponível, seja em uma única máquina com múltiplas GPUs ou em clusters distribuídos. Seguindo boas práticas e estratégias de otimização, é possível acelerar significativamente o treinamento, reduzir custos e melhorar a eficiência geral dos sistemas de aprendizado profundo.

CAPÍTULO 20: VISUALIZAÇÃO DE RESULTADOS

Visualizar os resultados durante e após o treinamento de um modelo de aprendizado profundo é essencial para entender seu comportamento e melhorar seu desempenho. Monitorar métricas de treinamento, visualizar gradientes e pesos, e identificar possíveis gargalos no processo de aprendizado são práticas que auxiliam no desenvolvimento de modelos mais robustos. O PyTorch oferece uma integração nativa com ferramentas como TensorBoard, além de outros recursos para debugging e análise detalhada. Este capítulo aborda como utilizar essas ferramentas para maximizar a eficiência e a compreensão de experimentos em aprendizado profundo.

Uso do TensorBoard para Monitorar Experimentos

TensorBoard é uma ferramenta poderosa para monitorar e visualizar métricas de aprendizado profundo, como perda, precisão, e até mesmo imagens e gráficos de redes neurais. Sua integração com PyTorch permite um acompanhamento dinâmico do progresso do treinamento.

Instalação do TensorBoard:

bash

```
pip install tensorboard
```

Configuração inicial no PyTorch:

python

```python
from torch.utils.tensorboard import SummaryWriter
# Inicializando o writer do TensorBoard
writer = SummaryWriter(log_dir="runs/experiment_1")
# Exemplo de registro de uma métrica
for epoch in range(10):
    loss = 0.1 * (10 - epoch)  # Métrica fictícia
    writer.add_scalar("Loss/train", loss, epoch)

writer.close()
```

Esse script registra a perda do treinamento no TensorBoard, permitindo visualização em tempo real. Para visualizar os dados:

bash

```bash
tensorboard --logdir=runs
```

O TensorBoard fornece uma interface web onde é possível explorar as métricas registradas e outras informações do modelo.

Monitorando Métricas de Treinamento

Métricas como perda, precisão, recall e F1-score são fundamentais para avaliar o desempenho de um modelo. O TensorBoard permite registrar e visualizar essas métricas em gráficos interativos.

Registro de múltiplas métricas:

python

```python
for epoch in range(epochs):
```

```
train_loss = ...
val_loss = ...
accuracy = ...

writer.add_scalar("Loss/train", train_loss, epoch)
writer.add_scalar("Loss/validation", val_loss, epoch)
writer.add_scalar("Accuracy", accuracy, epoch)
```

A comparação entre as curvas de treino e validação ajuda a identificar problemas como overfitting ou underfitting. Além disso, registrar métricas personalizadas fornece insights adicionais sobre o comportamento do modelo.

Visualização de Gradientes e Pesos

Os gradientes e pesos das camadas do modelo são componentes críticos que influenciam o aprendizado. Visualizar sua evolução durante o treinamento ajuda a diagnosticar problemas como gradientes desaparecendo ou explodindo.

Visualizando gradientes:

python

```
for name, param in model.named_parameters():
    if param.requires_grad:
        writer.add_histogram(f"Gradients/{name}", param.grad, epoch)
```

Essa abordagem registra os gradientes de cada camada em cada época, permitindo analisar sua distribuição no TensorBoard.

Visualizando pesos:

python

```
for name, param in model.named_parameters():
    writer.add_histogram(f"Weights/{name}", param, epoch)
```

Pesos mal inicializados ou que não mudam durante o

treinamento podem indicar problemas no modelo ou no otimizador. Histograms ajudam a identificar esses casos rapidamente.

Visualização de Imagens e Feature Maps

Para modelos que trabalham com dados visuais, como imagens, visualizar entradas, saídas e feature maps pode fornecer insights valiosos sobre como o modelo interpreta os dados.

Visualizando imagens de entrada:

python

```python
images, labels = next(iter(dataloader))
grid = torchvision.utils.make_grid(images)
writer.add_image("Input Images", grid, global_step=0)
```

Visualizando mapas de características:

python

```python
def visualize_feature_maps(model, inputs):
    outputs = model.features(inputs) # Assume que o modelo tem um módulo 'features'
    for i, feature_map in enumerate(outputs):
        writer.add_image(f"Feature Maps/layer_{i}", feature_map, global_step=0)

visualize_feature_maps(model, images[:1]) # Visualizar para uma única imagem
```

Analisar feature maps pode revelar quais partes das imagens o modelo considera mais relevantes, fornecendo uma visão qualitativa de seu comportamento.

Ferramentas Integradas no PyTorch para Debugging

Além do TensorBoard, o PyTorch possui recursos integrados

para debugging que ajudam a identificar problemas no treinamento de forma eficiente.

1. Profiler

O profiler do PyTorch permite medir o tempo de execução e o uso de memória para diferentes partes do modelo, identificando gargalos de desempenho.

Uso básico do profiler:

python

```
import torch.profiler

with torch.profiler.profile(
    activities=[
        torch.profiler.ProfilerActivity.CPU,
        torch.profiler.ProfilerActivity.CUDA
    ],
    on_trace_ready=torch.profiler.tensorboard_trace_handler("./logs")
) as prof:
    for inputs, labels in dataloader:
        outputs = model(inputs)
```

Os resultados podem ser visualizados no TensorBoard, mostrando onde o tempo está sendo gasto durante o treinamento.

2. Autograd Anomaly Detection

Detectar problemas no cálculo do gradiente é crucial para evitar erros durante o treinamento. O PyTorch oferece uma ferramenta para detectar essas anomalias automaticamente.

Ativando a detecção de anomalias:

python

```
torch.autograd.set_detect_anomaly(True)

for inputs, labels in dataloader:
    outputs = model(inputs)
    loss = criterion(outputs, labels)
    loss.backward()
```

Se ocorrer algum problema, como um gradiente NaN ou infinito, o PyTorch identificará a operação que causou o erro.

3. **Hooks**

Os hooks permitem acessar ou modificar a saída e os gradientes de qualquer camada durante o treinamento. Isso é útil para depuração detalhada.

Adicionando um hook para monitorar gradientes:

python

```
def hook_fn(module, grad_input, grad_output):
    print(f"Gradiente de saída para {module}: {grad_output}")

layer = model.layer1[0]
hook = layer.register_backward_hook(hook_fn)

# Treinamento
outputs = model(inputs)
loss = criterion(outputs, labels)
loss.backward()

hook.remove()  # Remover o hook após a depuração
```

Os hooks são uma ferramenta poderosa para inspecionar o fluxo de dados e gradientes dentro do modelo.

Considerações Práticas

Combinar múltiplas técnicas de visualização e debugging é essencial para construir modelos robustos e eficientes. Enquanto o TensorBoard fornece uma interface intuitiva para análise visual, ferramentas como profiler e hooks oferecem um controle mais granular para diagnóstico e otimização.

Garantir que as métricas sejam registradas de forma consistente e compreensível é fundamental para interpretar os resultados corretamente. Além disso, integrar essas ferramentas no fluxo de trabalho de treinamento facilita a identificação de problemas e acelera o desenvolvimento de modelos melhores.

A visualização de resultados é uma etapa crucial no desenvolvimento de modelos de aprendizado profundo. Usando ferramentas como TensorBoard e os recursos de debugging do PyTorch, é possível monitorar o treinamento, entender o comportamento do modelo e diagnosticar problemas de maneira eficiente. Essas práticas não apenas melhoram o desempenho do modelo, mas também oferecem insights valiosos sobre como ele processa os dados, contribuindo para soluções mais confiáveis e interpretáveis em aplicações reais.

CAPÍTULO 21: MODELOS PARA IOT

A Internet das Coisas (IoT) conecta dispositivos inteligentes para coletar, processar e compartilhar dados, criando um ecossistema integrado. A aplicação de aprendizado profundo em IoT requer modelos leves e eficientes que possam ser executados em dispositivos de borda com recursos limitados, como sensores, câmeras e microcontroladores. Este capítulo explora como o PyTorch pode ser usado para construir e otimizar modelos para IoT, abordando as técnicas necessárias para reduzir o tamanho e o consumo de energia dos modelos, além de destacar casos reais no contexto de IoT.

Aplicações do PyTorch em Dispositivos de Borda

O uso do aprendizado profundo em dispositivos de borda traz diversas vantagens, incluindo a redução da latência, maior privacidade de dados e menor dependência de conexões constantes com a nuvem. Modelos para IoT são amplamente utilizados em áreas como monitoramento de saúde, automação industrial, cidades inteligentes e segurança.

Uma aplicação comum é a detecção de anomalias em sensores industriais. Por exemplo, modelos podem ser usados para identificar vibrações anormais em máquinas, prevenindo falhas. Outro caso é a classificação de imagens em câmeras de segurança, onde um modelo pode detectar movimentos suspeitos diretamente no dispositivo.

PyTorch facilita a criação e a implantação de modelos leves, especialmente com ferramentas como TorchScript e PyTorch

Mobile, que permitem executar modelos em dispositivos com baixa capacidade computacional.

Construção de Modelos Leves e Eficientes

A criação de modelos leves requer estratégias específicas para reduzir o uso de memória e os requisitos computacionais, mantendo a precisão do modelo.

1. Redução do Tamanho do Modelo

Uma abordagem comum é usar arquiteturas projetadas para eficiência, como MobileNet, SqueezeNet e EfficientNet. Esses modelos são otimizados para dispositivos móveis e IoT.

Implementação de MobileNetV2:

python

```
from torchvision.models import mobilenet_v2

model = mobilenet_v2(pretrained=True)
model.classifier[1] = torch.nn.Linear(model.last_channel, 10) # Ajustando para 10 classes
```

A arquitetura do MobileNetV2 utiliza convoluções separáveis em profundidade para reduzir o número de parâmetros e cálculos, tornando-o adequado para dispositivos com restrições.

2. Quantização

A quantização reduz a precisão dos pesos e ativações do modelo, diminuindo o uso de memória e acelerando a inferência. A quantização dinâmica, por exemplo, aplica esse processo apenas durante a inferência.

Quantização dinâmica no PyTorch:

python

```
import torch.quantization

model = torch.quantization.quantize_dynamic(
    model, {torch.nn.Linear}, dtype=torch.qint8
)
```

Essa técnica reduz significativamente o tamanho do modelo, com impacto mínimo na precisão.

3. **Poda de Pesos**

A poda de pesos remove conexões menos importantes em uma rede neural, reduzindo a complexidade sem afetar substancialmente o desempenho.

Poda com PyTorch:

python

```
from torch.nn.utils.prune import l1_unstructured, remove

l1_unstructured(model.features[0][0], name='weight',
amount=0.4)
remove(model.features[0][0], 'weight')
```

A poda é especialmente útil para simplificar redes densas e convolucionais, comuns em IoT.

4. **Treinamento com Precisão Mista**

Treinamento com precisão mista combina números de 16 e 32 bits, reduzindo o uso de memória e acelerando o treinamento.

Implementação de precisão mista:

python

```
from torch.cuda.amp import GradScaler, autocast

scaler = GradScaler()
for inputs, labels in dataloader:
    with autocast():
        outputs = model(inputs)
        loss = criterion(outputs, labels)
    scaler.scale(loss).backward()
    scaler.step(optimizer)
    scaler.update()
```

Essa técnica é ideal para ajustar modelos antes da implantação em dispositivos de borda.

Casos Reais no Contexto de IoT

1. Monitoramento de Saúde

Dispositivos de borda em IoT são amplamente usados em monitoramento de saúde, como smartwatches e monitores cardíacos. Um modelo de aprendizado profundo pode detectar padrões anormais nos sinais vitais de pacientes, como variações na frequência cardíaca ou na saturação de oxigênio.

Treinamento de um modelo de classificação de sinais vitais:

python

```python
class VitalSignsModel(torch.nn.Module):
    def __init__(self, input_dim, hidden_dim, output_dim):
        super(VitalSignsModel, self).__init__()
        self.fc1 = torch.nn.Linear(input_dim, hidden_dim)
        self.relu = torch.nn.ReLU()
        self.fc2 = torch.nn.Linear(hidden_dim, output_dim)

    def forward(self, x):
        x = self.fc1(x)
```

```python
    x = self.relu(x)
    x = self.fc2(x)
    return x

model = VitalSignsModel(input_dim=10, hidden_dim=32,
output_dim=2)
```

Esse modelo pode ser integrado a sensores de saúde para processar os dados diretamente no dispositivo.

2. **Automação Industrial**

Na indústria, dispositivos de borda monitoram e controlam máquinas em tempo real. Um modelo pode detectar anomalias em dados de vibração, som ou temperatura, alertando operadores antes de falhas críticas.

Treinamento de um modelo para detecção de anomalias:

python

```python
import torch.nn.functional as F

class AnomalyDetectionModel(torch.nn.Module):
    def __init__(self, input_dim):
        super(AnomalyDetectionModel, self).__init__()
        self.encoder = torch.nn.Sequential(
            torch.nn.Linear(input_dim, 64),
            torch.nn.ReLU(),
            torch.nn.Linear(64, 16)
        )
        self.decoder = torch.nn.Sequential(
            torch.nn.Linear(16, 64),
            torch.nn.ReLU(),
            torch.nn.Linear(64, input_dim)
        )

    def forward(self, x):
        encoded = self.encoder(x)
```

```
decoded = self.decoder(encoded)
return decoded
```

```
model = AnomalyDetectionModel(input_dim=10)
```

Esse modelo pode ser ajustado para identificar desvios em dados operacionais coletados por sensores.

3. Cidades Inteligentes

Dispositivos IoT em cidades inteligentes coletam dados para melhorar serviços como iluminação pública e monitoramento de tráfego. Modelos leves podem analisar esses dados localmente para gerar respostas rápidas, como ajustar a intensidade das luzes com base na presença de pedestres.

Modelo para detecção de pedestres:

python

```
from torchvision.models import mobilenet_v2

model = mobilenet_v2(pretrained=True)
model.classifier[1] = torch.nn.Linear(model.last_channel, 2) # 2
classes: pedestre/não pedestre
```

Esse modelo pode ser implantado em câmeras conectadas para monitorar áreas urbanas e ajustar serviços automaticamente.

Ferramentas para Implantação de Modelos

1. TorchScript

TorchScript converte modelos PyTorch em uma forma otimizada e independente, permitindo execução em dispositivos de borda.

Conversão para TorchScript:

python

```
scripted_model = torch.jit.script(model)
scripted_model.save("model.pt")
```

2. **PyTorch Mobile**

PyTorch Mobile permite executar modelos diretamente em dispositivos móveis e embarcados.

Exportação de um modelo para dispositivos móveis:

python

```
scripted_model = torch.jit.script(model)
scripted_model._save_for_lite_interpreter("mobile_model.pt")
```

3. **ONNX**

ONNX facilita a exportação de modelos para outros frameworks e motores de inferência, como TensorRT e ONNX Runtime.

Exportação para ONNX:

python

```
torch.onnx.export(
    model,
    torch.randn(1, 3, 224, 224), # Entrada de exemplo
    "model.onnx",
    opset_version=11
)
```

Essas ferramentas simplificam a implantação de modelos em dispositivos com restrições de hardware.

A integração de aprendizado profundo com IoT está transformando a maneira como dispositivos de borda processam e utilizam dados. O PyTorch, com suas ferramentas de construção e otimização de modelos, facilita o desenvolvimento de soluções eficientes e práticas para esse cenário. Desde monitoramento de saúde até cidades inteligentes, modelos leves e robustos podem ser projetados para operar em dispositivos limitados, aproveitando ao máximo os recursos disponíveis e entregando resultados em tempo real. A aplicação eficaz dessas técnicas garante que a IoT continue a expandir seus limites, beneficiando tanto a indústria quanto os consumidores finais.

CAPÍTULO 22: BENCHMARKS E COMPARAÇÕES

Medições de desempenho e benchmarks são componentes fundamentais no desenvolvimento de sistemas de aprendizado profundo. Garantir que os modelos e pipelines sejam eficientes e utilizem os recursos de hardware e software disponíveis de maneira ideal exige comparações cuidadosas entre diferentes configurações. Este capítulo explora como medir o desempenho de modelos em diferentes setups, comparar versões do PyTorch e identificar gargalos para otimizar pipelines de treinamento e inferência.

Medindo Desempenho em Diferentes Setups

A performance de um modelo depende de vários fatores, incluindo hardware (CPUs, GPUs, TPUs), configuração de software e arquitetura do modelo. Benchmarks ajudam a avaliar a eficiência de uma configuração e a identificar áreas de melhoria.

1. Medição de Tempo de Execução

O tempo de execução é uma métrica direta para avaliar o desempenho de um modelo. No PyTorch, o módulo time e o gerenciador de contexto torch.cuda.Event permitem medições precisas de tempo, especialmente ao usar GPUs.

Medição de tempo em CPU:

python

```python
import time

start_time = time.time()
outputs = model(inputs)
end_time = time.time()
print(f"Tempo de execução na CPU: {end_time - start_time:.6f}
segundos")
```

Medição de tempo em GPU:

python

```python
start_event = torch.cuda.Event(enable_timing=True)
end_event = torch.cuda.Event(enable_timing=True)

start_event.record()
outputs = model(inputs.to('cuda'))
end_event.record()

torch.cuda.synchronize()  # Garante que todas as operações
estejam concluídas
print(f"Tempo de execução na GPU:
{start_event.elapsed_time(end_event)} ms")
```

Essas medições permitem comparar o desempenho do modelo em diferentes dispositivos e identificar qual configuração é mais eficiente.

2. Uso de Memória

Monitorar o uso de memória ajuda a evitar problemas como *out of memory* em GPUs e a ajustar o tamanho do lote para otimizar a utilização de recursos.

Monitoramento de memória em GPU:

python

```python
print(f"Memória alocada: {torch.cuda.memory_allocated()}
bytes")
```

```
print(f"Memória reservada: {torch.cuda.memory_reserved()}
bytes")
```

3. **Throughput**

Throughput mede quantas amostras podem ser processadas por segundo, sendo uma métrica importante para avaliar a eficiência do pipeline de treinamento e inferência.

Cálculo de throughput:

python

```
batch_size = 64
start_time = time.time()
for _ in range(10):  # Processar 10 lotes
    outputs = model(inputs.to('cuda'))
end_time = time.time()

throughput = (batch_size * 10) / (end_time - start_time)
print(f"Throughput: {throughput:.2f} amostras/segundo")
```

Essas medições fornecem uma visão detalhada do desempenho geral do sistema.

Comparação entre Versões do PyTorch

Novas versões do PyTorch frequentemente introduzem melhorias significativas em termos de desempenho, uso de memória e novos recursos. Comparar diferentes versões ajuda a decidir qual é a mais adequada para uma aplicação específica.

1. **Verificação de Compatibilidade**

Ao testar uma nova versão do PyTorch, é importante verificar a compatibilidade do código existente. Atualizar gradualmente para evitar quebras no pipeline de produção é uma prática recomendada.

python

```
import torch
print(f"Versão do PyTorch: {torch.__version__}")
```

2. Testando Novos Recursos

Novas versões podem incluir otimizações, como melhorias no backend de computação ou suporte a novas arquiteturas de hardware. Utilizar benchmarks padronizados ajuda a medir o impacto dessas mudanças.

Exemplo de comparação entre versões:

python

```
for version in ["1.10.0", "1.11.0"]:
    print(f"Testando versão {version}...")
    # Assumindo que o ambiente foi configurado para cada
versão
    outputs = model(inputs)
    print(f"Throughput para {version}: {calculate_throughput()}
amostras/segundo")
```

Comparações detalhadas podem revelar melhorias significativas no desempenho e eficiência.

Identificando Gargalos e Otimizando Pipelines

Os gargalos no pipeline de aprendizado profundo podem estar em diversas partes do sistema, como leitura de dados, cálculos de gradientes, ou operações de transferência de memória. Identificar e resolver esses gargalos é essencial para maximizar a eficiência.

1. **Profiler do PyTorch**

O PyTorch fornece uma ferramenta de profiling para medir o tempo gasto em diferentes operações e identificar gargalos no treinamento e inferência.

Uso do profiler:

python

```python
import torch.profiler

with torch.profiler.profile(
    activities=[torch.profiler.ProfilerActivity.CPU, torch.profiler.ProfilerActivity.CUDA],
    on_trace_ready=torch.profiler.tensorboard_trace_handler('./logs'),
    record_shapes=True
) as prof:
    for inputs, labels in dataloader:
        outputs = model(inputs)

print(prof.key_averages().table(sort_by="cuda_time_total"))
```

Os resultados podem ser analisados no TensorBoard para identificar as operações mais demoradas e otimizar o pipeline.

2. **Otimização de Entrada e Saída**

Operações de leitura de dados podem se tornar um gargalo, especialmente em sistemas distribuídos. Usar carregadores de dados eficientes e paralelismo pode acelerar significativamente o pipeline.

Melhorando o carregamento de dados:

python

```python
from torch.utils.data import DataLoader

dataloader = DataLoader(
    dataset,
    batch_size=64,
    shuffle=True,
    num_workers=4,  # Número de processos paralelos
    pin_memory=True  # Melhora o desempenho ao usar GPUs
)
```

3. Overlapping de Computação e Comunicação

Em configurações distribuídas, sobrepor operações de comunicação e computação pode melhorar o desempenho geral.

Uso de torch.cuda.stream para sobreposição:

python

```python
stream = torch.cuda.Stream()

with torch.cuda.stream(stream):
    outputs = model(inputs.to('cuda'))
    loss = criterion(outputs, labels.to('cuda'))
    loss.backward()

torch.cuda.synchronize()  # Garantir que todas as operações
estejam concluídas
```

Essa abordagem minimiza o tempo ocioso da GPU, aproveitando melhor os recursos disponíveis.

4. Uso de Operações Otimizadas

Substituir operações padrão por versões otimizadas, como as oferecidas por bibliotecas como cuDNN, pode acelerar o treinamento.

Ativação de operações otimizadas:

python

```
torch.backends.cudnn.benchmark = True
```

5. Tuning de Hiperparâmetros

Ajustar hiperparâmetros, como taxa de aprendizado, tamanho do lote e momento, pode impactar significativamente o desempenho do modelo.

Automatizando o tuning com bibliotecas como Optuna:

python

```
import optuna

def objective(trial):
    lr = trial.suggest_loguniform("lr", 1e-5, 1e-1)
    batch_size = trial.suggest_int("batch_size", 16, 128)

    optimizer = torch.optim.SGD(model.parameters(), lr=lr)
    dataloader = DataLoader(dataset, batch_size=batch_size)

    for epoch in range(5):
        for inputs, labels in dataloader:
            outputs = model(inputs)
            loss = criterion(outputs, labels)
            optimizer.zero_grad()
            loss.backward()
            optimizer.step()

    return loss.item()

study = optuna.create_study(direction="minimize")
study.optimize(objective, n_trials=10)
print(study.best_params)
```

O tuning automatizado encontra combinações de hiperparâmetros que maximizam o desempenho.

Benchmarks e comparações são ferramentas indispensáveis para desenvolver sistemas de aprendizado profundo eficientes. Com medições de tempo de execução, uso de memória e throughput, é possível avaliar o desempenho em diferentes configurações de hardware e versões do PyTorch. Identificar gargalos usando o profiler e otimizar o pipeline com técnicas avançadas como paralelismo e tuning de hiperparâmetros garante que os modelos e sistemas sejam escaláveis, rápidos e confiáveis. Essas práticas permitem aproveitar ao máximo os recursos disponíveis, resultando em aplicações mais eficazes e competitivas.

CAPÍTULO 23: CASOS REAIS DE IMPLEMENTAÇÃO

Implementar modelos de aprendizado profundo em cenários reais é a melhor forma de consolidar o aprendizado e compreender os desafios práticos que surgem no desenvolvimento de soluções baseadas em inteligência artificial. Este capítulo apresenta três casos reais de implementação utilizando PyTorch: o desenvolvimento de um classificador de imagens, a criação de um chatbot com processamento de linguagem natural (NLP) e um projeto prático de geração de imagens usando Redes Adversárias Generativas (GANs).

Desenvolvimento de um Classificador de Imagens

Classificadores de imagens são amplamente utilizados em áreas como visão computacional, diagnóstico médico e segurança. O objetivo é categorizar imagens em classes predefinidas com base em características extraídas por redes neurais convolucionais.

1. Configuração do Dataset

Para treinar o classificador, utiliza-se um dataset como o CIFAR-10, que contém imagens coloridas organizadas em 10 classes.

python

```
from torchvision import datasets, transforms
from torch.utils.data import DataLoader

transform = transforms.Compose([
    transforms.ToTensor(),
    transforms.Normalize(mean=[0.5, 0.5, 0.5], std=[0.5, 0.5,
0.5])
])

train_dataset = datasets.CIFAR10(root='./data', train=True,
download=True, transform=transform)
test_dataset = datasets.CIFAR10(root='./data', train=False,
download=True, transform=transform)

train_loader = DataLoader(train_dataset, batch_size=64,
shuffle=True)
test_loader = DataLoader(test_dataset, batch_size=64,
shuffle=False)
```

2. Definição do Modelo

Utiliza-se uma arquitetura como ResNet18, adaptada para o número de classes do dataset.

python

```
from torchvision.models import resnet18
import torch.nn as nn

model = resnet18(pretrained=True)
model.fc = nn.Linear(model.fc.in_features, 10)  # 10 classes no
CIFAR-10
model = model.to('cuda')
```

3. Treinamento do Modelo

Treina-se o modelo utilizando otimização e cálculo da perda.

python

```
import torch
from torch.optim import Adam
from torch.nn import CrossEntropyLoss

criterion = CrossEntropyLoss()
optimizer = Adam(model.parameters(), lr=0.001)

for epoch in range(10):
    model.train()
    total_loss = 0
    for inputs, labels in train_loader:
        inputs, labels = inputs.to('cuda'), labels.to('cuda')
        optimizer.zero_grad()
        outputs = model(inputs)
        loss = criterion(outputs, labels)
        loss.backward()
        optimizer.step()
        total_loss += loss.item()
    print(f"Epoch {epoch+1}, Loss: {total_loss /
len(train_loader)}")
```

4. Avaliação

Avalia-se o modelo no conjunto de teste para verificar sua precisão.

python

```
model.eval()
correct = 0
total = 0
with torch.no_grad():
    for inputs, labels in test_loader:
        inputs, labels = inputs.to('cuda'), labels.to('cuda')
        outputs = model(inputs)
        _, predicted = torch.max(outputs, 1)
        total += labels.size(0)
        correct += (predicted == labels).sum().item()
```

```python
print(f"Accuracy: {100 * correct / total:.2f}%")
```

Criação de um Chatbot com NLP

Chatbots são ferramentas poderosas para automação de interações com usuários, como atendimento ao cliente e assistentes virtuais. Um chatbot baseado em aprendizado profundo utiliza redes neurais para entender e responder a mensagens de texto.

1. Tokenização e Embeddings

Processa-se o texto para convertê-lo em uma sequência de índices utilizando o tokenizer do BERT.

python

```python
from transformers import BertTokenizer

tokenizer = BertTokenizer.from_pretrained("bert-base-uncased")

texts = ["Hello, how can I help you?", "What is the weather like?"]
inputs = tokenizer(texts, padding=True, truncation=True, return_tensors="pt")
```

2. Definição do Modelo

Usa-se um modelo BERT para classificação de intenção.

python

```python
from transformers import BertForSequenceClassification

model = BertForSequenceClassification.from_pretrained("bert-base-uncased", num_labels=3)
model = model.to('cuda')
```

3. **Treinamento do Chatbot**

Treina-se o modelo com entradas textuais e intenções associadas.

python

```
labels = torch.tensor([0, 1]).to('cuda')  # Exemplo de intenções
outputs = model(**inputs.to('cuda'), labels=labels)
loss = outputs.loss
loss.backward()
```

4. **Resposta do Chatbot**

Após o treinamento, o chatbot pode responder com base em intenções identificadas.

python

```
with torch.no_grad():
    outputs = model(**inputs.to('cuda'))
    predictions = torch.argmax(outputs.logits, dim=-1)
print(predictions)
```

Projeto Prático de Geração de Imagens com GANs

GANs são usadas para criar imagens realistas a partir de vetores aleatórios. Este projeto mostra como gerar imagens de dígitos usando o dataset MNIST.

1. **Definição do Gerador**

O gerador cria imagens a partir de ruído.

python

```
import torch.nn as nn

class Generator(nn.Module):
```

```python
    def __init__(self, latent_dim):
        super(Generator, self).__init__()
        self.model = nn.Sequential(
            nn.Linear(latent_dim, 128),
            nn.ReLU(),
            nn.Linear(128, 256),
            nn.ReLU(),
            nn.Linear(256, 28 * 28),
            nn.Tanh()
        )

    def forward(self, z):
        return self.model(z).view(-1, 1, 28, 28)

latent_dim = 100
generator = Generator(latent_dim).to('cuda')
```

2. **Definição do Discriminador**

O discriminador classifica imagens como reais ou falsas.

python

```python
class Discriminator(nn.Module):
    def __init__(self):
        super(Discriminator, self).__init__()
        self.model = nn.Sequential(
            nn.Linear(28 * 28, 256),
            nn.LeakyReLU(0.2),
            nn.Linear(256, 128),
            nn.LeakyReLU(0.2),
            nn.Linear(128, 1),
            nn.Sigmoid()
        )

    def forward(self, x):
        return self.model(x.view(x.size(0), -1))

discriminator = Discriminator().to('cuda')
```

3. **Treinamento Adversarial**

Treina-se o gerador e o discriminador em conjunto.

python

```python
optimizer_g = Adam(generator.parameters(), lr=0.0002)
optimizer_d = Adam(discriminator.parameters(), lr=0.0002)

criterion = nn.BCELoss()

for epoch in range(20):
    for real_images, _ in train_loader:
        real_images = real_images.to('cuda')
        batch_size = real_images.size(0)

        # Treinando o discriminador
        real_labels = torch.ones(batch_size, 1).to('cuda')
        fake_labels = torch.zeros(batch_size, 1).to('cuda')

        optimizer_d.zero_grad()
        real_outputs = discriminator(real_images)
        real_loss = criterion(real_outputs, real_labels)

        z = torch.randn(batch_size, latent_dim).to('cuda')
        fake_images = generator(z)
        fake_outputs = discriminator(fake_images.detach())
        fake_loss = criterion(fake_outputs, fake_labels)

        loss_d = real_loss + fake_loss
        loss_d.backward()
        optimizer_d.step()

        # Treinando o gerador
        optimizer_g.zero_grad()
        fake_outputs = discriminator(fake_images)
        loss_g = criterion(fake_outputs, real_labels)
        loss_g.backward()
        optimizer_g.step()
```

4. Geração de Imagens

Após o treinamento, gera-se novas imagens.

python

```python
z = torch.randn(16, latent_dim).to('cuda')
generated_images = generator(z).detach().cpu()
```

```python
import matplotlib.pyplot as plt
grid = torchvision.utils.make_grid(generated_images, nrow=4,
normalize=True)
plt.imshow(grid.permute(1, 2, 0))
plt.show()
```

Os casos apresentados demonstram como aplicar aprendizado profundo em problemas reais utilizando PyTorch. Cada projeto aborda um aspecto único, desde classificação e processamento de linguagem até geração de conteúdo, ilustrando o poder e a flexibilidade dessa biblioteca. Esses exemplos podem ser adaptados e expandidos para resolver desafios específicos, fornecendo uma base sólida para aplicações práticas.

CAPÍTULO 24: PYTORCH NO MUNDO REAL

O PyTorch se consolidou como uma das bibliotecas mais utilizadas no aprendizado profundo, impactando diretamente indústrias, pesquisa acadêmica e aplicações reais em diversas áreas. Com sua flexibilidade, simplicidade e ampla adoção por empresas e pesquisadores, tornou-se a base de projetos de inteligência artificial de ponta. Este capítulo explora depoimentos de profissionais e pesquisadores, examina o impacto do PyTorch em empresas líderes de tecnologia e discute tendências futuras, destacando os próximos passos para a evolução da biblioteca e sua aplicação no mundo real.

Depoimentos de Profissionais e Pesquisadores

Profissionais e pesquisadores que utilizam PyTorch destacam sua facilidade de uso, eficiência em prototipagem e poder na implementação de soluções escaláveis. O uso de PyTorch é relatado em setores como saúde, finanças, logística e entretenimento.

Um pesquisador na área de visão computacional relata:

> "PyTorch revolucionou meu fluxo de trabalho. A transição entre pesquisa e implementação prática é fluida. O suporte a autograd simplifica operações complexas, enquanto a compatibilidade com bibliotecas como Hugging Face e fastai amplia suas aplicações."

Profissionais em empresas de tecnologia destacam a velocidade com que soluções podem ser desenvolvidas:

"Nosso time conseguiu implementar uma pipeline de detecção de fraudes em tempo recorde graças ao PyTorch. Sua integração com frameworks distribuídos facilitou o treinamento de modelos em larga escala."

Na área acadêmica, PyTorch é amplamente preferido por sua abordagem intuitiva, que combina teoria e prática:

"A facilidade de ensino e aprendizado com PyTorch é incomparável. Estudantes compreendem conceitos avançados de aprendizado profundo com mais clareza, e os resultados experimentais são obtidos rapidamente."

Esses depoimentos mostram a amplitude do impacto do PyTorch, desde a prototipagem inicial até a implementação em escala.

Impacto do PyTorch em Empresas Líderes de Tecnologia

Empresas líderes de tecnologia adotaram PyTorch em seus processos de desenvolvimento de modelos e soluções baseadas em inteligência artificial. O impacto pode ser observado em áreas como personalização de conteúdo, processamento de linguagem natural (NLP), e análise preditiva.

1. **Meta (Facebook)**
   Meta, criadora do PyTorch, o utiliza amplamente em sistemas de recomendação, visão computacional e NLP. A plataforma é usada para otimizar algoritmos que personalizam feeds, detectam conteúdo impróprio e aprimoram experiências de realidade aumentada.
2. **Microsoft**
   Microsoft integra o PyTorch em seu Azure Machine

Learning, fornecendo suporte a desenvolvedores que criam modelos escaláveis na nuvem. O PyTorch Lightning e o ONNX são frequentemente usados para exportar modelos treinados para produção.

3. **Tesla**
   A Tesla aplica PyTorch em seus sistemas de piloto automático. Redes neurais profundas, treinadas com milhões de horas de dados de sensores de veículos, são otimizadas para inferência em tempo real usando PyTorch.

4. **Netflix**
   Netflix utiliza PyTorch para personalizar recomendações de filmes e séries. Modelos treinados com milhões de interações de usuários garantem uma experiência adaptada a cada assinante.

5. **Google Research**
   Embora o TensorFlow seja uma criação do Google, sua equipe de pesquisa utiliza PyTorch em diversos projetos acadêmicos devido à sua flexibilidade e comunidade ativa.

Tendências Futuras e Próximos Passos

O futuro do PyTorch aponta para avanços que consolidarão ainda mais sua posição como um pilar em aprendizado profundo. As tendências incluem maior suporte a hardware especializado, aprimoramentos em modelos generativos e expansão para domínios emergentes.

1. **Suporte a Hardware Especializado**
   O uso de hardware especializado, como TPUs e GPUs de última geração, está se tornando padrão em projetos de IA. O PyTorch já oferece suporte robusto a GPUs, mas está expandindo para TPUs e dispositivos

personalizados, especialmente em projetos de borda e IoT.

2. **Modelos Generativos**

   Com o avanço de modelos como Diffusion Models e GANs, o PyTorch continuará sendo a escolha para implementação desses sistemas. O suporte à manipulação de tensores em alta dimensão e recursos como gradientes automáticos garante sua relevância.

3. **IA em Borda e IoT**

   A integração com dispositivos de borda é essencial para domínios como cidades inteligentes e monitoramento ambiental. A quantização e a eficiência do PyTorch Mobile desempenham um papel crítico na execução de modelos em dispositivos com recursos limitados.

4. **Expansão de Ferramentas como TorchX e PyTorch Lightning**

   Ferramentas como TorchX simplificam a criação de pipelines de produção, enquanto o PyTorch Lightning reduz a complexidade da pesquisa e experimentação. Sua popularidade e uso devem crescer, alimentando colaborações entre equipes de pesquisa e produção.

5. **Foco em Sustentabilidade**

   Com a crescente preocupação com o consumo de energia em treinamentos de grandes modelos, o PyTorch deve expandir seu suporte a treinamentos eficientes, combinando otimizações de hardware e software.

6. **Comunidade e Colaboração**

   A força do PyTorch reside em sua comunidade ativa. A colaboração com projetos como Hugging Face, FastAI e OpenAI continuará a impulsionar inovações, além de fortalecer o ecossistema de aprendizado profundo.

O PyTorch transformou o aprendizado profundo ao oferecer uma plataforma intuitiva e poderosa para pesquisa e aplicações no mundo real. Com um impacto visível em empresas líderes e apoio entusiástico de pesquisadores e profissionais, ele se posiciona como uma das principais ferramentas para resolver desafios modernos em inteligência artificial. O futuro do PyTorch é promissor, com avanços contínuos que moldarão a próxima geração de soluções baseadas em aprendizado profundo. A jornada com PyTorch não apenas reflete sua evolução como biblioteca, mas também sua contribuição para a transformação de indústrias e a ampliação dos horizontes do aprendizado profundo.

CAPÍTULO 25: REFLEXÃO E FUTURO DO PYTORCH

O aprendizado profundo transformou a maneira como lidamos com problemas complexos, desde visão computacional até processamento de linguagem natural. No centro dessa revolução, ferramentas como PyTorch desempenham um papel crucial, permitindo que pesquisadores e desenvolvedores transformem ideias em realidade. Este capítulo reflete sobre a importância do PyTorch na evolução da inteligência artificial (IA), discute formas de continuar aprendendo e contribuindo para sua comunidade vibrante e apresenta dicas práticas para iniciar projetos inovadores, explorando o potencial dessa biblioteca poderosa.

Importância de Ferramentas como PyTorch na Evolução da IA

PyTorch não é apenas uma biblioteca para aprendizado profundo; é uma plataforma que capacita a pesquisa e o desenvolvimento em IA, reduzindo barreiras técnicas e acelerando a inovação. Sua flexibilidade e integração com ecossistemas como Hugging Face, OpenAI e Microsoft Azure demonstram seu impacto em diferentes áreas.

1. Transformando Pesquisa em Aplicação Prática

Historicamente, existia uma lacuna significativa entre a pesquisa acadêmica e as aplicações do mundo real. PyTorch reduziu essa distância ao combinar uma interface intuitiva com capacidades de produção. Pesquisadores podem testar hipóteses rapidamente, enquanto engenheiros transferem essas soluções para sistemas robustos e escaláveis.

Por exemplo, arquiteturas modernas como Transformers foram implementadas e popularizadas em grande parte graças à comunidade PyTorch. A biblioteca facilitou a adoção de modelos como BERT, GPT e CLIP, permitindo avanços em tradução automática, geração de texto e análise de imagens.

2. Apoio à Diversidade de Aplicações

PyTorch é utilizado em uma ampla gama de indústrias, incluindo saúde, finanças, entretenimento e logística. Em saúde, a segmentação de imagens médicas com PyTorch ajuda médicos a detectar tumores com maior precisão. Na logística, algoritmos baseados em PyTorch otimizam rotas de entrega, economizando recursos e tempo.

3. Facilitando a Educação em IA

Outra contribuição significativa do PyTorch é sua facilidade de uso para iniciantes. Estudantes e profissionais em transição para IA encontram no PyTorch uma ferramenta acessível que simplifica conceitos avançados. Cursos e tutoriais amplamente disponíveis garantem que qualquer pessoa com interesse e dedicação possa aprender a criar modelos poderosos.

Como Continuar Aprendendo e Contribuindo para a Comunidade

A comunidade PyTorch é uma das razões de seu sucesso. Contribuir e aprender continuamente nesse ecossistema não apenas aprimora as habilidades individuais, mas também fortalece o crescimento da tecnologia.

1. Explorar Recursos Oficiais e Não-Oficiais

A documentação oficial do PyTorch é uma das mais completas e atualizadas no campo de aprendizado profundo. Estudar os tutoriais e exemplos disponíveis no site é essencial para aprender desde conceitos básicos até técnicas avançadas.

Além disso, plataformas como Medium, GitHub e YouTube oferecem conteúdo diversificado. A comunidade frequentemente publica notebooks que mostram casos de uso inovadores e práticas recomendadas.

2. Participar de Fóruns e Discussões

Plataformas como o Fórum PyTorch, Stack Overflow e Reddit são ótimos lugares para fazer perguntas, compartilhar conhecimento e resolver problemas. Engajar-se em discussões técnicas expande a compreensão de tópicos complexos e ajuda a estabelecer conexões com outros desenvolvedores.

3. Contribuir com Código Aberto

A natureza de código aberto do PyTorch permite que qualquer pessoa contribua para seu desenvolvimento. Novos recursos, correções de bugs e melhorias na documentação são sempre bem-vindos. Contribuir com projetos relacionados, como TorchVision e PyTorch Lightning, também é uma excelente forma de aprofundar habilidades.

Exemplo de contribuição no GitHub:

bash

```
# Faça um fork do repositório oficial
git clone https://github.com/pytorch/pytorch.git
cd pytorch

# Crie um branch para sua contribuição
git checkout -b minha-contribuicao
```

```
# Após realizar mudanças, faça o commit
git add .
git commit -m "Descrição das mudanças"

# Envie sua contribuição
git push origin minha-contribuicao
```

4. Participar de Competições e Hackathons

Plataformas como Kaggle e Zindi oferecem competições que desafiam desenvolvedores a resolver problemas reais usando aprendizado profundo. Participar dessas competições é uma forma prática de aplicar conhecimentos e aprender com a comunidade.

Dicas para Iniciar Projetos Inovadores

A inovação no campo de IA frequentemente surge da aplicação criativa de ferramentas existentes a problemas novos. Iniciar projetos inovadores requer planejamento cuidadoso e uma abordagem prática.

1. Identificar um Problema Relevante

O primeiro passo é escolher um problema significativo. Isso pode ser algo que você encontre no dia a dia ou um desafio identificado em sua área de trabalho. A relevância do problema impulsiona a motivação e aumenta as chances de impacto.

Exemplo: No setor agrícola, prever a saúde de plantações com base em imagens de drones pode ajudar a reduzir desperdícios e aumentar a produtividade.

2. Planejar o Escopo

Projetos inovadores devem ter um escopo bem definido para evitar complexidade desnecessária. Divida o projeto em etapas e estabeleça metas claras.

3. Selecionar os Recursos Adequados

Identifique os dados, ferramentas e frameworks necessários. O PyTorch oferece suporte para várias tarefas, desde visão computacional até processamento de linguagem natural. Combine o PyTorch com bibliotecas complementares como TorchText ou TorchAudio para atender às demandas específicas do projeto.

4. Criar Protótipos e Iterar

Construa um protótipo inicial para validar a ideia. Use esse protótipo como base para melhorias iterativas. A flexibilidade do PyTorch facilita a modificação de arquiteturas e parâmetros durante o desenvolvimento.

Exemplo de prototipagem:

python

```python
import torch.nn as nn

class SimpleModel(nn.Module):
    def __init__(self, input_dim, output_dim):
        super(SimpleModel, self).__init__()
        self.fc = nn.Linear(input_dim, output_dim)

    def forward(self, x):
        return self.fc(x)

model = SimpleModel(input_dim=10, output_dim=1)
```

5. Documentar e Compartilhar

Documentar o processo de desenvolvimento é essencial para aprendizado e colaboração. Compartilhe os resultados em repositórios públicos, blogs ou apresentações para inspirar outros.

Exemplo de estrutura de documentação:

diff

```
Projeto: Detecção de Objetos em Tempo Real
- Introdução
- Metodologia
- Resultados
- Código Fonte
- Conclusões
```

6. Explorar Áreas Emergentes

Focar em áreas emergentes, como IA generativa, sustentabilidade e ética em IA, pode abrir caminhos para projetos únicos. Por exemplo, construir modelos que gerem soluções para problemas ambientais é uma área promissora e impactante.

Refletir sobre a jornada com PyTorch mostra como ele transformou o aprendizado profundo em uma ferramenta acessível e poderosa para todos. Aprender continuamente e contribuir para a comunidade garante que habilidades individuais evoluam, enquanto o impacto coletivo se expande. Com uma abordagem prática e inovação no foco, qualquer pessoa pode iniciar projetos transformadores que não apenas resolvem problemas, mas também moldam o futuro da inteligência artificial. PyTorch é mais do que uma biblioteca; é uma plataforma para criar, aprender e inspirar.

CONCLUSÃO FINAL

O aprendizado profundo evoluiu rapidamente, impulsionado por ferramentas acessíveis e poderosas como PyTorch. Este livro apresentou uma jornada abrangente, desde conceitos fundamentais até aplicações práticas e inovações avançadas, fornecendo aos leitores uma base sólida para explorar e aplicar inteligência artificial em diferentes domínios. A seguir, revisamos os principais capítulos abordados, sintetizando os conteúdos apresentados e destacando o papel central do PyTorch no avanço da pesquisa e do desenvolvimento em IA.

Resumo dos Capítulos

Capítulo 1: Introdução ao PyTorch
Apresentamos a origem e os princípios que fundamentam o PyTorch, destacando sua flexibilidade, simplicidade e popularidade crescente entre pesquisadores e desenvolvedores. Comparações com outras ferramentas destacaram suas vantagens, como o fluxo dinâmico de computação e o suporte a desenvolvimento de ponta a ponta.

Capítulo 2: Configurando seu Ambiente
Exploramos os requisitos técnicos para instalar e configurar o PyTorch em diferentes sistemas operacionais, além de utilizar plataformas como o Google Colab e ambientes virtuais. Essas ferramentas garantem um ambiente otimizado para experimentação e produção.

Capítulo 3: Conceito Fundamental de Tensors

Introduzimos o conceito de tensores, suas semelhanças com arrays NumPy e como são usados como blocos fundamentais para computação em aprendizado profundo. Operações básicas foram detalhadas, ilustrando o poder computacional do PyTorch.

Capítulo 4: Manipulação Avançada de Tensors

Ampliamos a compreensão de tensores, abordando operações avançadas como slicing, reshaping e broadcasting, essenciais para manipular dados em modelos de aprendizado profundo.

Capítulo 5: Gradientes e Autograd

O sistema de autograd do PyTorch foi detalhado, explicando como ele facilita o cálculo automático de gradientes, essencial para o treinamento de redes neurais. Mostramos exemplos práticos de como o autograd funciona em diferentes cenários.

Capítulo 6: Criando Redes Neurais

Apresentamos a construção de redes neurais com o módulo torch.nn, abordando a criação de camadas, inicialização de pesos e técnicas para salvar e carregar modelos.

Capítulo 7: Dataset e DataLoader

Discutimos como estruturar dados para treinamento, utilizando Dataset e DataLoader para carregamento eficiente e augmentação de dados, um passo crucial para maximizar a eficiência do treinamento.

Capítulo 8: Treinamento Básico de Modelos

Exploramos o ciclo de treinamento, desde o cálculo da perda até o ajuste dos pesos, além de técnicas para monitorar métricas e evitar problemas como overfitting.

Capítulo 9: Otimizadores e Funções de Perda

Discutimos otimizadores populares como SGD e Adam, além de funções de perda para diferentes tarefas, e mostramos como ajustar hiperparâmetros para obter melhores resultados.

Capítulo 10: Redes Convolucionais (CNNs)

Determinamos o papel das CNNs em visão computacional, abordando camadas convolucionais, pooling e normalização, além de criar classificadores para imagens.

Capítulo 11: Redes Recorrentes (RNNs)

Demonstramos o uso de RNNs e LSTMs para processar dados sequenciais, com aplicações práticas em séries temporais e modelagem de linguagem.

Capítulo 12: Transfer Learning

Exploramos o uso de modelos pré-treinados para acelerar o treinamento em novos conjuntos de dados, abordando casos práticos em visão computacional e processamento de linguagem.

Capítulo 13: PyTorch Lightning

Introduzimos o PyTorch Lightning como uma extensão para simplificar experimentos e estruturar o código de forma modular e organizada.

Capítulo 14: APIs e Exportação de Modelos

Explicamos como exportar modelos para produção usando TorchScript e ONNX, além de integrar soluções em plataformas como AWS e Azure.

Capítulo 15: Otimização de Modelos
Discutimos técnicas para melhorar o desempenho computacional, incluindo quantização, paralelismo e uso eficiente de GPUs.

Capítulo 16: Redes Adversárias Generativas (GANs)
Demonstramos o conceito e a implementação de GANs para gerar imagens realistas, destacando o treinamento adversarial entre geradores e discriminadores.

Capítulo 17: PyTorch para Processamento de Linguagem Natural (NLP)
Exploramos aplicações em NLP, como embeddings, Transformers e modelos pré-treinados como BERT, culminando em análises de sentimentos e geração de texto.

Capítulo 18: Segurança e Robustez de Modelos
Abordamos técnicas para proteger modelos contra ataques adversários e melhorar sua robustez, utilizando ferramentas integradas do PyTorch.

Capítulo 19: Treinamento Distribuído
Discutimos como escalar treinamentos para múltiplas GPUs e clusters, utilizando DistributedDataParallel e outras ferramentas para otimizar o desempenho.

Capítulo 20: Visualização de Resultados
Exploramos o uso do TensorBoard para monitorar métricas, visualizar gradientes e pesos, e utilizar ferramentas de

debugging no PyTorch.

Capítulo 21: Modelos para IoT
Mostramos como construir modelos leves para dispositivos de borda, abordando aplicações práticas em saúde, cidades inteligentes e automação industrial.

Capítulo 22: Benchmarks e Comparações
Discutimos como medir desempenho em diferentes setups, comparar versões do PyTorch e otimizar pipelines para maximizar a eficiência.

Capítulo 23: Casos Reais de Implementação
Apresentamos projetos práticos, como classificadores de imagens, chatbots com NLP e geração de imagens usando GANs, ilustrando o uso do PyTorch em cenários reais.

Capítulo 24: PyTorch no Mundo Real
Destacamos o impacto do PyTorch em empresas líderes, tendências futuras e a importância da comunidade para o avanço contínuo do aprendizado profundo.

Capítulo 25: Reflexão e Futuro do PyTorch
Refletimos sobre a importância do PyTorch no aprendizado profundo, discutimos como continuar aprendendo e contribuindo para sua comunidade e apresentamos dicas para iniciar projetos inovadores.

Agradeço profundamente por acompanhar esta jornada de

aprendizado sobre PyTorch. Sua dedicação em explorar conceitos, práticas e aplicações demonstra o compromisso em transformar ideias em soluções reais.

Espero que este livro tenha sido uma ferramenta útil e inspiradora para o seu crescimento pessoal e profissional no campo da inteligência artificial. Que você continue inovando e contribuindo para um futuro moldado pelo poder transformador do aprendizado profundo.

Cordialmente,
Diego Rodrigues